아무도 알려주지 않는
부동산 시그널

KB058657

왜 부동산이 상승하는지 알아야 하락을 피할 수 있다!

아무도 알려주지 않는
부동산 시그널

추선 이윤상 지음

RHK
알에이치코리아

강남권 아파트를 주로 다루는 부동산 카페 〈사주와부동산〉을 운영하면서 지난 몇 년 동안 고급 정보를 주고받으며 회원수가 5만 명에 이르렀습니다.

시장의 흐름을 주도하는 것이 대장의 역할이라는 점을 생각하면 '강남권 아파트'가 우리 사회에서 갖는 상징성은 단순히 특정 지역이나 한정된 분야에 국한된 것은 아니었을 것입니다.

그동안 많은 활동과 상담을 하며 안타까웠던 점은 20~30만 원 정도의 물건을 살 때는 가격비교 사이트 등 인터넷을 모두 뒤져가며 자신에게 적합한 물건을 구하려고 노력하는 사람들이, 정작 자신의 전 재산이 들어가는 집을 살 때는 객관적인 정보나 데이터에 의존하기보다는 가까운 지인 한두 사람의 말에 의지하거나 분위기에 휩쓸려서 쫓아다니기 바쁜 모습이었습니다.

또한 상승장이 시작되면서는 더 벌고 싶은 욕망에 시장이 계속 상승할 것이라는 희망이 합해지면서 자신의 한계를 벗어날 정도의 빚을 내고 무리하다가, 어느 날 정부의 갑작스러운 규제로 지위승계 등이 불가능해지면서 매도하고 싶어도 매도하지 못하는 상황에 처하고 말았습니다. 그들이 이후 할 수 있는 일은 계속해서 규제를 내는 정부를 비난하는 일 외에는 다른 방도가 없습니다. 그러다가 서서히 부동산 시장이 조정 내지는 하락국면으로 들어서면 전체 자산가치 하락으로 밤잠 못 이루고 고민하는 분들이 많아지게 됩니다.

그런데 이상하게도 이런 부동산 시장의 흐름이 반복된다는 것입니다. 그렇기에 다시는 같은 실수를 반복하지 않기 위해서 이번 상승장에서부터 하락장으로 이어지는 한 사이클, 즉 2013년부터 시작된 한 시즌을 정리해 보고, 이를 통해 현재 시장을 냉정하게 분석하고 미래 흐름을 읽어보려 합니다.

이번 시즌의 상승과정을 돌이켜보면 항상 일정 시점보다 빠른 이슈들이 제시되어 왔습니다.

2011년 '재건축 시대의 서막'
2012년 '빠른 재건축과 새 아파트'
2013년 '일반분양'

이런 화두들이 각 시점에서 여러 가지 이유로 많은 논쟁을 불러일으켰지만, 결국 시간이 지나면서 일찍부터 화두가 되었던 이슈들이 그 가치를 증명해냈습니다. 2013년부터 시작된 상승장의 마무리 국면에서 언급되었던 '역전세난과 대세하락'이라는 단어를 우리는 2019년 지금 확인해야 하는 시점에 와 있습니다.

20년 전의 IMF와 10년 전의 서브프라임 모기지로 인한 부동산 시장의 충격은 외부에서 오는 예상할 수 없는 충격이었다고 위로하더라도, 이번 입주시점에 벌어지는 역전세난과 가격조정은 분양할 때부터 수요와 공급의 역전현상이 충분히 예고될 정도로 과잉 물량이었다는 점과 분양부터 입주 때까지 충분히 대비할 시간이 있었음에도 불구하고 시장이 이렇게까지 과열된 것에 대해서 많은 아쉬움이 남습니다.

자신과 가족의 삶이 녹아 있는 부동산 시장을 다른 사람에 의지해서 읽어서는 안 됩니다.

상승할 때는 하락을 말한 사람 때문에 사지 못했다고 하고, 하락할 때는 상승을 말한 사람 때문에 못 팔았다고 핑계를 댄다면 편할지는 모르겠지만 그 사이에서 자신의 역할은 사라지게 됩니다.

삶의 주체로서 이번 상승기에 있었던 일들에 대한 경험과 학습, 그리고 현재의 객관적인 정보들을 통해서 앞으로 다가올 부동산 시장을 살펴보겠습니다.

이 책은 대안이 없는 비판으로서가 아니라 과거와 현재를 통해 앞으로 생길 일들을 이해함으로써 다음번에 올 '부동산 시즌2'를 대비하고 준비함으로써 보다 현명한 부동산 투자자가 될 수 있는 길을 제시하려 노력했습니다.

이제 시작된 '역전세난과 대세하락장'의 부동산 시장과 그 이후를 바라보는 매수자로서 꼭 알아야 하는 기본적인 지식들과 시대적인 트렌드 그리고 추천 지역을 통해 다음 시장을 준비하고 시장과 무관하게 언제나 행복할 수 있는 부동산 투자자로서의 삶의 가치가 공유되었으면 합니다.

추선

차례

4장 부동산 시장에서 일어날 일들

5장 향후 부동산 시장, 이렇게 대응하라

1장

부동산,
기본에서 생각하라

부동산과 함께 읽어야 할 세계 경제

2013년~2017년까지의 부동산 시장은 부동산과 관련된 여러 지표들을 국내 것만 읽어도 되는 시장이었다면, 2018년 이후의 부동산 시장은 세계경제와 함께 묶어서 읽어야 하는 시점이 되었다는 것이 지난 몇 년간의 흐름과 가장 큰 차이점이라 할 수 있습니다.

그래서 부동산을 말하기 전에 세계경제를 어떤 눈으로 바라봐야 하는지 먼저 흐름을 살펴보려 합니다.

2018년 미국은 유례없는 호황을 이어가는 가운데 전세계를 대상으로 철강과 알루미늄에 관세폭탄을 부과했습니다. 이는 곧 지적재산권을 포함한 다른 분야로 확대되고 있고, 중국과 미국은 무역전쟁에서 협상과 전투를 병행해가며 현재 시점까지 마무리를 못하고 긴장감을 유지하고 있습니다.

또한 저금리 기조로 풀린 자금들이 미국의 연이은 금리인상으로 신흥국에서 자금이 빠져나가면서 터키와 아르헨티나가 촉발시킨 위기가 브라질, 인도네시아, 인도 등 신흥국들로 번져나가는 모습을 보이기도 했습니다.

우리나라의 경우도 예외가 아니어서 세탁기로 시작된 관세폭탄이 철강과 알루미늄을 거쳐 전방위로 확산되며 증시가 큰 폭의 조정을 받았는데, 여기에 고용쇼크와 자영업의 위기 그리고 가계부채의 지속적인 증가 등으로 향후 경제 전망에 먹구름을 드리우고 있습니다.

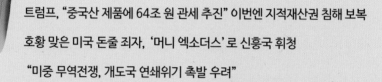

트럼프, "중국산 제품에 64조 원 관세 추진" 이번엔 지적재산권 침해 보복

호황 맞은 미국 돈줄 죄자, '머니 엑소더스'로 신흥국 휘청

"미중 무역전쟁, 개도국 연쇄위기 촉발 우려"

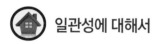 일관성에 대해서

이번 글의 서두는 예전 제 얘기로 시작하려고 합니다.

공대를 졸업하고 대기업 CEO를 꿈꾸며 직장을 다니다가 오너의 벽을 절감하면서 전공에까지 회의를 느끼고 '다 버리고 처음부터 시작하자'고 결심한 것이 30대 초반이었습니다.

젊은 혈기에 결심은 했지만 전공을 버린 이상 할 일이 딱히 없던 차에 김대중 정부의 닷컴 열풍에 힘입어 여기저기서 벤처회사들이 생겨나면서 투자가 넘쳐나고 일자리들이 생겨나 운 좋게도 대기업에서 투자한 벤처 인큐베이팅 회사에 들어가게 됐습니다.

나름 좋은 아이템과 비전으로 제안받아 자리를 옮겼는데, 당시의 닷컴 시장은 말이 벤처이지 실상은 '기회와 사기'가 공존하는 시장이라고 할 수 있었습니다. 겉포장은 수백억 매출에 기술력이 세계 최고라고 들었는데, 막상 내부에 가보면 그 자랑스러운 기술력이 20대 초반의 젊은 A/S직원 몇 명이 전부이거나 어떤 회사는 내부에 사장 형, 동생에 사돈에 팔촌까지 다 들어와 있는 가족회사이거나, 기업윤리는 저버리고 투자받아서 자금을 다른 용도로 사용할 의도를 가진 대표들을 만나면서 때로는 실망하기도 하고 때로는 현실에 대해 배우기도 하면서 의도치 않게 직장을 자주 옮기게 되었습니다.

30대 중반인 저의 이런 모습을 지켜본 지인들이 걱정의 말씀들을 해주셨습니다.

"참을성을 길러야 하지 않겠느냐?" 내지는 "전공도 버리고 그렇게 직장을 다른 업종으로 옮기는 것이 너무 일관성 없는 것 아니냐?"는 애정 담긴 말들이었습니다.

'한 업종으로 직장을 오래 다니는가?'의 기준으로 보면 주변에서는 당연히 걱정할 만한 일이었고 들을 만한 얘기였다는 생각이 듭니다.

하지만 스스로는 '나처럼 일관적인 삶을 살아가는 사람은 없다'고 생각했는데, 그 일관성은 '집중할 수 있는 일이 없어 나태함이 생기고, 아침에 눈을 떠서 직장을 나가기 싫은 마음이 일정기간 이상 계속되면 회사를 그만둔다"는 것이었습니다. 소중한 내 인생에서 경제적인 문제 때문에 오랜 시간 삶을 불행하게 사는 것을 용납할 수 없었기 때문이었습니다.

그러니 직장을 자주 옮기는 것이 외부에서 보면 일관성이 없다고 볼 수도 있지만, 어떤 관점을 갖고 보느냐에 따라서 그 판단이 꼭 맞는 것은 아닐 수도 있습니다. 더불어서 누군가를 이해하는 데 있어서 객관성과 합리성 내지는 외부에서 보여지는 모습만 가지고 해결하려면 어떤 경우는 더욱 미궁으로 빠질 수도 있을 것입니다.

 트럼프 대통령의 일관성

일관성과 관련해 미국 트럼프 대통령의 이야기를 해보려고 합니다. 경제도 결국 사람이 벌이는 일이라서 때로는 사람을 이해하는 일이 선행되면 그 사람으로 인해 벌어지는 일련의 현상들을 이해하는 것이 더 쉬울 수 있기 때문입니다.

미국 플로리다의 한 고등학교에서 벌어진 총기난사 사건으로 많은 학생들이 희생된 사건이 있었습니다. 이로 인해 학생들이 총기규제를 외치자 트럼프 대통령은 학교 생존자를 만난 자리에서 "선생님들을 총으로 무장시키면 아무 문제가 없다"고 발언하며, 교사의 무장을 원하는 주에 무기 훈련을 지원할 것이며 선생님들이 총기 훈련을 받으면 보너스를 주겠다는 제안을 합니다.

이후 많은 비난이 쏟아지자 얼마 되지 않아서 열린 백악관 '학교안전 간담회'에서는 플로리다 고교 총기사건에 대한 후속 대응으로 3대 총기 규제 강화책을 추진하겠다고 입장을 바꿉니다.

"총기규제 포괄적 강화하겠다" 돌연 입장 바꾼 트럼프

하지만 바로 다음날 트럼프와 총기협회(NRA)가 만나면서 총기규제를 하루 만에 철회한다는 내용이 기사화되고, 실제로 트럼프 대통령이 발표한 정책에는 NRA가 반대하는 내용이 하나도 포함되어 있지 않게 됩니다.

트럼프, NRA 만나더니… 총기규제 '하루 만에' 철회?

여기까지를 일관성의 측면으로 외부에서 보면, 트럼프 대통령은 말을 계속 번복하는 사람이란 생각이 듭니다. 특히 본인이 가지고 있는 세계 최강의 대통령이라는 무게감과 타이틀까지 고려하면 이성적으로 이해될 수 없는 사람으로 보입니다.

하지만 일관성의 방향을 바꿔서 다른 각도에서 보면 이 상황들이 이해되는 측면이 있습니다.

즉, 말을 바꾸는 데서 일관성을 찾는 것이 아니라 '개인의 편리'라는 관점에서 보면 트럼프 대통령은 어느 누구와도 비교가 안 되는 일관성을 가지고 있습니다. 본인이 말을 뒤집었을 때 남들에게 비춰지는 시선을 몰라서가 아니라 알고 있음에도 불구하고 본인이 그때그때 편리하거나 유리하게 상황을 만들 수 있다면 다른 이들의 시선 정도는 별로 중요하지 않다고 생각하는 것입니다.

오히려 자신만의 일관성을 가지는 사람들의 특징은 뚜렷한 목표가 생긴 경우 그 일관성을 위해 다른 것을 무시하고 결과만 생각한다는 점 때문에 과도한 일관성이 문제이지 다른 이들의 시선에서 보는 일관성은 정작 본인에게는 아무렇지 않은 경우가 대부분입니다.

 ## 트럼프 경제를 이해하려면

트럼프라는 인물에 대해 잠시 고찰해 봤으니 이제 과거의 현안 몇 개를 살펴보겠습니다.

트럼프 대통령은 세계를 상대로 수입철강과 알루미늄에 관세를 매기겠다고 하면서 무역전쟁을 시작했습니다.

이에 대해 EU와 중국에서 강하게 반발하며 보복관세를 하겠다고 하자 오히려 "내가 때린다고 너희들도 주먹을 쥘지는 싱싱도 못했다"

면서 억울해하기까지 합니다.

더욱이 "당신들이 보복관세를 하면 우리는 거기에 더해 유럽산 자동차에도 보복관세를 또 매기겠다"는 등 기세 등등한 발표를 이어나갑니다.

이번 문제의 시발점은 누가 봐도 트럼프가 시작한 것임에도 불구하고 세계 여러 곳에서 반발이 생기자 마치 기다렸다는 듯이 '무역전쟁'이라는 격한 표현을 토해가며, 이런 일련의 상황들을 부추키는 듯한 인상을 주고 있다는 것입니다. 전쟁이라는 것이 종류를 가리지 않고 결국은 제3자보다 싸우는 당사자에게 제일 큰 피해를 주는 것인데 왜 이렇게 미리 "준비된 격노"라는 느낌이 지워지지 않는 것일까요?

객관적으로 보면 이 상황은 '무역전쟁은 결국 미국에 제일 큰 피해가 갈 테니 엄포용 정도로 그치겠지?'의 수준에서 이해되겠지만 트럼프 대통령은 그런 식으로 이해해서는 안 되는 인물이라는 이야기를 지금까지 하고 싶었습니다.

트럼프 격노한 상태서 '관세 무역전쟁' 발표

격화하는 미-EU··· EU 보복관세 vs 트럼프 "자동차에 세금 부과"

중국-EU··· 미국의 '관세 폭탄' 조치에 보복 경고 나서 세상과 조금 다른 관점을 가진 사람들을 이해하고자 할 때, 그 사람 때문에 일어나는 일련의 현상들에 대해 객관적인 사실이나 합리적인 정보로 접근해 나가면 결과가 이상해지거나 사건의 본질이 잘 안 보이게 됩니다. 이에 반해서 사람을 이해하는 과정을 선행하면 의외의 정보가 얻어질 수 있습니다.

외부에서 보이는 트럼프 대통령의 일관성은 미국의 대통령이 주는 무게감에 비해 아주 '개인적이며 사적'이라는 것입니다. 보좌관이라고 하지만 아주 중요한 특사로 가족을 보내는 일, 즉흥적이고 감정적인 단어들이 여과 없이 사용되는 SNS, 등돌린 측근들을 향한 독설 이외에도 개인적이며 사적으로 보이는 사례들은 마음만 먹으면 어렵지 않게 찾을 수 있습니다.

모든 정치인에게 재선은 중요한 일이지만 트럼프 대통령의 '개인적이며 사적'인 일관성은 다른 누구보다 더 재선에 대한 집착으로 나타날 수 있으며, '인기'라는 단어를 통해 실현할 가능성이 커지고 있습니다.

또한 이런 일관성은 객관적이고 보편적인 시각의 입장에서는 '불확실성'이 되며, 미국이 세계경제에 미치는 위상을 고려하면 우리의 삶에도 영향을 줄 수 있기 때문에, 한 개인의 '불확실성'이 우리의 삶에 미칠 영향에 대해 관심을 가져야 하는 시점이기도 합니다.

미국의 정치적 지형

　최근 트럼프 대통령은 오랜 측근들이 등을 돌리며 '러시아 스캔들'과 '성매매 여성 돈 지불 의혹' 등 각종 사건으로 궁지에 몰리고 있으며, 각종 내부적인 정치갈등으로 공화당 내에서도 반발이 생기고 있습니다.

　현재 처해 있는 미국 내 정치적 위기상황을 극복하기 위해서라도 트럼프 대통령 입장에서는 재당선과 국제무대에서의 화려한 등장이 절실한 상황입니다. 특히 세계평화의 슈퍼스타로 등장할 수 있는 '북미회담'이나 세계의 2인자를 굴복시키면서 미국의 힘을 보여줄 수 있는 기회인 '미중 무역전쟁' 같은 사건들은, 트럼프 대통령에게는 미국 내 문제를 한 번에 걷어낼 수 있는 '절호의 기회'로 본인을 위해 가장 극적인 효과를 낼 수 있는 시점에 해결하고자 하는 시나리오를 가지고 있을 것으로 추측해 봅니다.

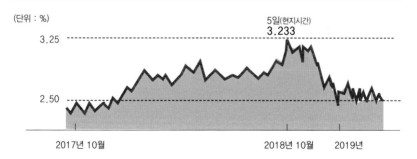

미국 국채 10년물 금리 추이

(단위 : %)

5일(현지시간)
3.233

3.25

2.50

2017년 10월　　　　　　　　2018년 10월　　2019년

 **북미회담**

핵문제로 극단으로 치달았던 북미관계가 2018년 4월 남북 정상회담과 5월 북미 정상회담으로 이어지는 결실을 보는가 싶더니, 2019년 2월 베트남에서 만난 2차 북미정상회담에서는 양쪽의 정상이 만난 자리에서 결렬되면서 혼돈스러운 모습을 보이고 있습니다.

일반적인 정상회담의 경우, 양측 실무자가 사전조율을 마친 상태에서 각국의 정상들은 미리 준비해 놓은 협정서에 사인만 한다는 점을 생각하면, 이렇게 만난 자리에서 결렬되는 것은 이해가 안 가는 사건이 일어난 것입니다.

하지만 현재 트럼프 대통령에게 가장 중요한 것은 '재선에서 승리하는 것'이란 관점에서 보면, 아직 재선기간이 좀 남은 시점에서 쉽사리 협상이 타결되는 것보다는 협상이 길어지며 여러 가지 어려움을 겪다가 최대한 재선이 가까운 때에 극적인 해결을 하는 것이 아마도 가장 유리할 것입니다.

특히 '북한 핵문제'는 세계적인 이슈와 관심을 받고 있으며 '평화'라는 상징성까지 가지고 있기 때문에, 세계 평화에 기여한 슈퍼 히어로의 모습으로 등장하면서, 이를 미국 내 정치적인 돌파구로 활용하고 자연스럽게 재선까지 연결하는 데 가장 유리한 국면에 타결을 시도할 것으로 보입니다.

결국 이번 북미회담은 미국 대선인 2020년까지 아직 시간이 있으며 그동안 우여곡절과 험난한 과정이 있을수록 트럼프 대통령에게 유리하기 때문에 '결별'이라기보다는 '연기'의 의미를 가진 것으로 보여집니다.

하지만 그동안 보여준 돌발성과 불확실성으로 인해 북미회담과 관련한 경제를 포함한 모든 사안들에 대해 '예측은 하되 예단은 하지 않는 지혜'가 필요한 시점입니다.

 미중 무역전쟁

미국과 중국의 무역전쟁은 이미 2017년 말과 2018년을 거치면서 철저하게 예고된 것이었습니다.

미국이 트럼프 취임 이후 북한 핵문제를 중국을 통해 해결하려고 할 때, 일부 미국의 강경파들이 중국에 경제보복을 해야 한다고 했음에도 오히려 "북한 핵문제를 해결하려고 노력하는 중국에 무슨 무역보복이냐?"며 두둔까지 한 적이 있었습니다. 하지만 북한이 중국의 말을 듣지 않고 계속해서 미사일을 쏘아 올리자 중국이 북한에 미치는 영향력이 없음을 알고 중국 카드를 버렸을 가능성을 의미하며, 이

"중국산 제품에 64조 원 관세 추진" 트럼프, 이번엔 지재권 침해 보복

"싸우자고 덤비니 시원하게 때려보자" 대미 무역전쟁 확전

결과는 중국을 겨냥한 무역전쟁의 형태로 나타나고 있습니다.

여기에 더해서 중국에서는 시진핑이 3연임 제한규정을 폐기하는 방법으로 장기집권을 꿈꾸고 있는데, 이렇게 중국의 권력체제가 시진핑 일인체제로 개편되는 이유는 '중국몽' 실현을 위해 안정적이고 장기적이며 강력한 리더십이 필요하다고 믿기 때문입니다. 또한 중국은 향후 세계패권을 꿈꾸면서 그 주인공이 중국임을 외치고 있습니다.

그러니 미국입장에서는 군사적으로나 경제적인 기축통화로서의 위상을 세계에 다시 한 번 확고히 확인시키기 위해서 한 번쯤 중국을 견제할 필요성을 느꼈을 것입니다.

우리는 그 가능성이 경제에 미칠 영향에 대해 유심히 살펴봐야 합니다.

미중이 무역전쟁을 벌일 경우, 가장 손해를 보는 국가는 사실 다른 나라가 아니라 미국과 중국입니다. 세계가 워낙 복잡하게 얽혀 있기 때문에 처음에는 보호로 보였던 것이 나중에는 피해로 다가오기도 하고, 소소하게 시작한 무역관세가 나중에는 큰 싸움으로 번지지 않는다고 아무도 장담할 수 없기 때문입니다.

싸움의 우위로만 보면 미국이 압도적이며 결국은 원하는 것을 얻어낼 때까지 끌고 가서 본인들이 원하는 시점에 승리하겠지만, 일방적인 승자가 존재하지 않는 무역전쟁의 과정 중에서 생기는 불똥이 '차이나 리스크' 등의 화재로 번질 가능성은 없는지 잘 지켜봐야 합니다.

최근 북미회담 결렬이나 미중 무역분쟁의 타결이 연기되는 등의 상황은, 주고받는 협상이라기보다는 일방적으로 의견을 관철시키기 위한 모습으로 보이고 있습니다.

'나는 아쉬울 것이 없으니 아쉬운 사람들이 양보해라'며 배짱을 퉁기는 모습인데, 이해하기 쉽게 표현하면 트럼프 대통령은 히터를 만들어서 잔뜩 준비해 놓고 추운 날을 기다리는 모습입니다. 구구절절이 "만들어 놓은 히터를 사주세요!"라고 광고하거나 아쉬운 소리하며 팔러 다닐 필요 없이 추워지면 히터가 필요한 사람들이 알아서 달려오는 시점을 기다리고 있는 것 같습니다.

"너무 추워요. 히터 하나만 제발 팔아주세요!"라고 하면서 말입니다.

이상에서 몇 가지의 사건만을 언급했지만, 이런 일련의 사건들이 과연 의도 대로만 잘 흘러갈 수 있을까? 하는 고민이 남습니다.

이미 글로벌하게 꼬일 대로 꼬이며 얽혀 있는 세계경제에서 어떤 행동이 꼭 계산된 결과를 불러오지 않을 수 있으며, 더 큰 문제의 본질은 어디로 튈지 모르는 트럼프 대통령의 성향이 금융이나 군사, 언론 등에서 불안해하는 '불확실성'으로 받아들여질 수 있습니다.

그 불확실성은 어떻게 보면 하나의 사건이라기보다 전체에 대한 불안감으로 나타나서 우리가 앞으로 치뤄야 할 가장 큰 대가로 돌아올 수도 있습니다.

"무역전쟁은 완전 바보 같은 생각" 석학들 '대공황' 경고 개인의 관점에서 느끼는 일관성은 지극히 사적인 영역으로 '좋다', '나쁘다'를 말할 것은 아닙니다. 하지만 지극히 개인적이라면 그 자리에 머물러야지 공적인 자리로 가서는 안 되는 이유는 많은 사람들이 생각하는 일반적이고 합리적이라는 시각이 분명히 존재하기 때문입니다.

결론적으로 트럼프 대통령의 개인적이며 사적인 일관성은 경제적으로 보면 '리스크'라고 표현할 수 있으며, 국내 부동산의 문제와 국제적인 리스크에 대한 대비로 2018년에는 현금보유비중 확대의 필요성을 몇 번에 걸쳐서 언급한 바 있습니다.

이제 앞으로의 부동산 시장은 국내적인 부동산 문제와 국제적인 이슈가 맞물릴 가능성이 한층 높아졌으며, 그렇기 때문에 어느 때보다도 정신을 바짝 차려야 할 시기이기도 합니다.

이상에서 당분간 세계를 주도할 경제적인 이슈를 살펴봤는데, 이제부터 본격적으로 국내의 부동산 이야기로 넘어가겠습니다.

부동산 투자의
상식을 말하다

2013년에서 시작되어 2018년을 관통하는 지난 몇 년간의 부동산 가격상승의 원인은 무엇일까요? 세계적인 유동성 확대와 저금리 기조, 그리고 정부의 부동산 부양정책과 재건축·재개발 이주로 인한 공급 부족, 소액투자 가능한 분양권의 본격적인 등장 등을 그 원인으로 볼 수 있습니다.

하지만 이런 상승의 이유들이 하나둘씩 사라지고 있음에도 불구하고 언제부터인가 부동산은 상승을 위한 상승을 하는 시장이 되었습니다. 그 사이 경제성장률이 높았던 것도 아니고, 소득이 눈에 띄게 높았던 것도 아니며, 인플레이션이 심했던 것도 아닌데 말입니다.

그런데 급격히 늘어난 것이 없는 것은 아닙니다. 가계부채 총액이

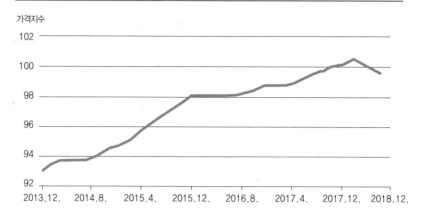

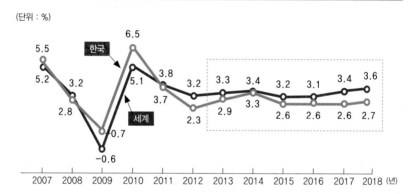

* 세계경제성장률은 IMF 기준

늘었고, 가계부채증가율이 급격하게 늘었습니다. 부채를 활용하는 레
버리지(leverage)는 자산을 상승시킬 수 있는 중요한 요건이기도 하지만,
결국은 채워야 하는 실물이기도 하기 때문에 과하지 않아야 합니다.

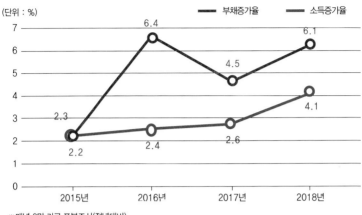

(단위 : %)　　　　　　　　━ 부채증가율　　━ 소득증가율

※ 매년 2만 가구 표본조사(전년대비)

소비자물가상승률

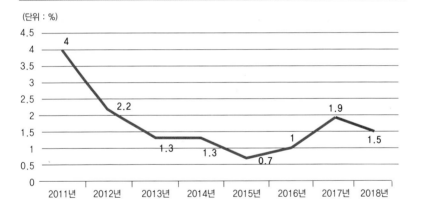

(단위 : %)

　어느 순간부터인가 과해졌음에도 더 소유하고 싶은 욕망이 이성적
인 데이터가 아니라 집값이 계속 상승한다는 희망과 결합하려고 한다
면 그때는 멈춰야 할 때입니다.

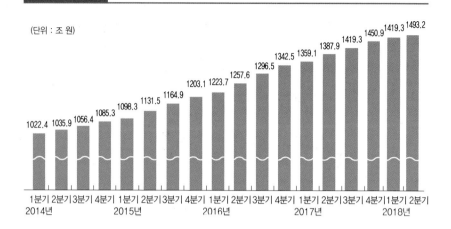

(단위 : 조 원)

1022.4 1035.9 1056.4 1085.3 1098.3 1131.5 1164.9 1203.1 1223.7 1257.6 1296.5 1342.5 1359.1 1387.9 1419.3 1450.9 1419.3 1493.2

1분기 2분기 3분기 4분기 1분기 2분기 3분기 4분기 1분기 2분기 3분기 4분기 1분기 2분기 3분기 4분기 1분기 2분기
2014년　　　　2015년　　　　2016년　　　　2017년　　　　2018년

　　자신이 소유한 것이 더 이상 상식이 아니기 때문입니다.

　　상식이 상식이 아닐 때는 상식이 흔하지 않은 시기이기 때문입니다. 눈에 보이는 객관적인 수치와 통계는 무시하고 자신의 감을 상식이라 생각하는 사람이 많을 때입니다.

　　보고 싶은 것만 보고 여기는 다르다고 언제까지나 계속 갈 것이라고 말하는 사람들이 많아지는 순간 상식은 더 이상 상식이 아니게 됩니다. 부동산은 경제의 영역이지 신앙의 영역이 아니기에 믿는다고 빈집이 채워지지 않습니다.

　　매매가 기대를 반영하는 이상이라면 임대는 채워야 하는 현실입니다. 분양권은 실물이 없는 상상의 시장이라면 입주물량은 깨어나야 하는 꿈입니다. 매매와 분양권은 마음으로 채우지만 임대와 입주는 돈과 사람으로 채워야 합니다.

모두가 알고 있었던 사실임에도 꿈과 희망이 필요한 우리는 잠시 다른 세상을 꿈꿨습니다.

지금 이 순간 엄정하고 냉정한 현실의 길목에 서서 지나온 과거를 통해 현재를 이해하고, 현재를 통해 또 다른 미래를 꿈꿔보려 합니다.

이제 맞닥뜨릴 현실은 불편하고 힘에 겨워 누군가를 원망하기도 하겠지만, 결국 크게 보면 인생의 자양분이 될 것이고 그렇게 만드는 것은 각자의 몫입니다.

그리고 이런 과정을 통해 이상과 현실의 접점을 찾는 방법을 익히는 순간, 부동산을 통해서 인생을 즐기고 항상 행복해지는 법을 깨달을 수 있을 것입니다.

우리가 알고 있는 통상의 재화시장에서는 보통 가격이 상승하면 수요가 줄어들고, 가격이 하락하면 다시 수요가 증가하게 됩니다.

이렇게 '가격'은 시장에서 자연스럽게 수요와 공급을 조절하는 기능을 가지게 되며 수요와 공급이 일치하는 지점을 균형가격이라고 합니다.

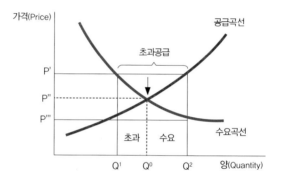

하지만 미국의 금융전문가인 미셸 아글리에타 교수는 이러한 법칙이 잘 먹혀들지 않는 시장이 존재한다고 주장합니다.

바로 금융자산 시장 중에서도 신용(부채) 시장인데, 이 시장에서만큼은 가격이 상승하면 오히려 수요도 따라서 증가하게 됩니다. 역설적이게도 가치가 증식됨으로써, 이를 지켜보는 사람들에게서 새로운 수요가 만들어지고 구매자도 늘어나게 되는데 자산의 획득이 신용, 즉 빚으로 이루어질수록 이런 현상이 두드러지게 됩니다.

또한 '신용증가와 자산가격의 상승이 결합하는 과정에는 한계가 없기 때문에 규제당국의 강제조정이 없는 한 무한히 지속될 수도 있다'고 합니다. 신용(부채)이 풍부해짐에 따라 자산가격이 상승할 수밖에 없는 것입니다.

지금 우리의 부동산 시장이 바로 미셸 아글리에타 교수의 신용이론에 가장 적합한 모습을 가지고 있습니다.

자본과 부채로 결합한 부동산의 가격이 상승하면서 수요가 감소하는 것이 아니라 새로운 수요를 만들어내고 있으며, 다시 이를 통해 전체 자산가치가 커지는 효과가 발생하고 있습니다. 이 효과는 아글리에타 교수의 조절이론에 대입하면, 정부당국의 개입이 없다면 이 규모는 한계가 없이 상승할 수도 있다는 얘기로 들리기도 합니다.

이 이유에 대해서 그는 '자본주의의 금융이 때로는 억눌리고 때로는 폭발적인 모습으로 드러나면서 끊임없이 새로운 모습으로 나타나기 때문'이라고 표현하고 있습니다.

현재 신용(부채)의 증가로 상승하고 있는 우리의 부동산 시장이 금융 속에 잠재해 있는 불안정성으로 인해 폭발적인 모습으로 나타나고 있으며, 그로 인해 한계가 없이 상승할 수 있을까?, 이러한 측면에서 이 이론을 바라보려고 합니다.

아글리에타 교수의 조절이론과 국내 부동산 시장

정부의 규제는 별도로 논하더라도 우리의 부동산 시장은 선분양제를 채택하고 있어서 부동산을 분양권과 입주물량으로, 그리고 매매와 임대시장으로 나누어 볼 수 있습니다.

실물이 존재하지 않는 분양권 시장이나 전세가격이 계속해서 상승하는 매매시장에서는 신용(부채)을 낀 자본이 무한 상승할 수 있지만, 실물이 존재하는 입주시장이나 임대시장에서는 임대를 맞추는 일에 어려움이 생기거나 전세가격이 하락하는 시장이 오게 되면 신용을 낀 자본은 한계에 부닥치게 됩니다.

부동산 매매시장이 기대와 희망이 적용될 수 있는 시장이라면 임대와 입주시장은 현실을 고스란히 반영하는 시장입니다. 가격상승에 걸맞은 경제성장이나 소득증가 내지는 인플레이션이라는 원인이 없다면, 결국에는 실물을 메꿀 수 없습니다. 더구나 공급이 넘치거나 정부에서 규제에 나선 상황이라면 아글리에타 교수의 조절이론에서 말하는 한계는 더더욱 분명해집니다.

그래서 매매시장과 동시에 임대시장을 주목할 필요가 있으며, 이는 향후국내 부동산 시장의 방향성을 가리키는 하나의 지표이기도 합니다.

부채가 큰 자산가치의 상승은 달리는 자전거에 비유할 수 있습니다. 자전거가 어느 정도 속도가 나면 그 이후의 선택은 계속 달리거나 넘어지거나 둘 중의 하나를 택할 수밖에 없는데, 어느 순간 멈춰야만 하는 상황이온다면 달려오면서 빨라진 속도만큼이나 몸에 큰 상처가 날 수밖에 없습니다.

또한 빠른 속도에 올라타면서 추가로 매입한 전체 자산가치의 하락은 개인의 삶에 큰 영향을 줄 수밖에 없기 때문에, 가격상승이 가팔라질수록 자전거에 올라 탈 것을 고민할 것이 아니고 자신이 감당할 수 있는 영역까지자산의 규모를 축소하는 것이 중요합니다.

한 줄의 행복

無苦無道(무고무도)

고통 없이는 이루어짐이 없듯이

한계는 불행을 위해 존재하는 것이 아니라

행복을 위해 존재하는 것입니다.

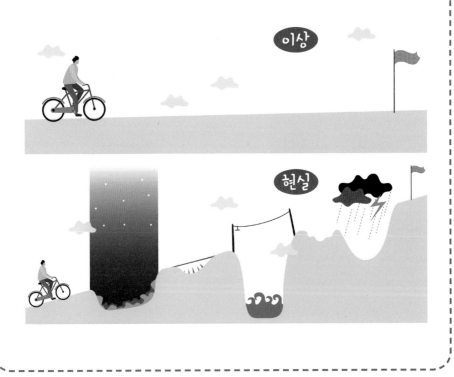

지금 어느 시점에
서 있는가?

 여기는 어디인가

여기서 어디의 의미는 'WHERE'이란 위치적인 의미가 아니라 'WHEN'의 시간적 의미로 현재 서 있는 시점에 대한 고민을 해볼 필요가 있습니다.

같은 선택이라도 어떤 시점에서 했는지에 따라서 결과는 크게 달라질 수 있기 때문인데, 우리는 지금 어느 지점에 서 있는 것일까요?

미래를 예측하고자 할 때 우리는 통상적으로 과거의 학습과 경험치를 나침반 삼아 주요 지표로 활용하게 됩니다. 과거의 모습이 형태만 바뀌면서 현재 또는 미래의 모습으로 나타나는 일이 많기 때문인데, 언제나 과거의 경험과 학습이 도움이 되는가에 대한 고민은 필요합니다.

왜냐하면 만약 내가 지금 서 있는 시점이 지난 추세의 연장선상에 있다면 과거의 경험과 학습이 미래를 예측하는 데 큰 도움이 되겠지만, 변화를 시작하는 변곡점에 위치해 있다면 과거의 학습이나 경험은 예측 결과를 그르치는 가장 큰 장애물이 될 수도 있기 때문입니다.

즉 추세선상에서 가장 도움이 되는 것은 경험과 학습일 것이고, 변곡점에서 가장 도움이 되는 것은 통찰력의 영역이 될 것입니다.

그래서 특정한 어떤 시점에서 그 지점이 추세선인지 변곡점인지 판단하기 어렵기 때문에 미래를 예측할 때에는 어느 한 가지만 가지고 판단할 것이 아니고 경험과 학습 그리고 통찰력이 조화를 이루고 있을 때 의미 있는 결과치에 도달할 수 있습니다.

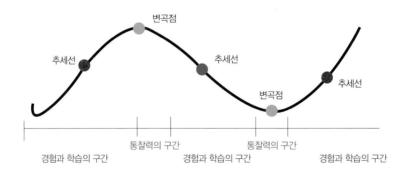

이제 부동산 이야기로 돌아와서 사례 하나를 살펴보겠습니다.

아래는 일본의 부동산 주택가격지수입니다. 지속적으로 상승하던

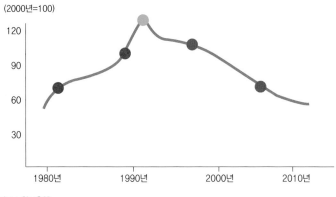

(2000년=100)

자료 : 한국은행

일본 주택가격지수가 1990년 초반 대세의 정점을 찍은 이후 계속 하락 곡선을 그리고 있습니다.

각각의 영역이 추세선의 지속인지 아니면 변곡점인지의 관점에서 보면 그에 따라 필요로 하는 요소가 달라질 수 있습니다.

1. 빨간원이 있는 추세선에서 필요한 것

내가 현재 서 있는 지점이 1980년~1990년 초반까지 빨간점의 상승라인에 있다면 과거의 경험과 학습이 미래를 예측하는 데 가장 큰 도움이 됩니다. 이 시기에 서 있다는 확신이 있다면 가격조정은 오히려 매수를 위한 기회가 되는 구간입니다.

2. 1990년 초 변곡점이 있는 녹색원에서 필요한 것

주택가격지수가 상승하다가 하락하는 변곡점에서, 예전에도 그랬으니까 하며 과거의 경험과 학습을 사용하게 되면 변곡점 이후 구간에서 전혀 예상하지 못했던 결과를 얻게 됩니다.

이 구간에 서 있다는 의심이 들 때는 손해를 보는 한이 있더라도 최대한 보수적으로 움직여야 합니다. 그 이유는 지난 오랜 시간의 경험이 계속 맞았기 때문에 앞으로도 맞을 것이라는 확신으로 자신이 해결할 수 있는 범위를 넘어서 사고를 칠 수 있는 가장 위험한 구간이기도 하기 때문입니다.

그래서 이 구간에서는 통찰력이 무엇보다도 절실히 필요합니다.

3. 파란원이 있는 추세선에서 필요한 것

통찰력의 구간이 지나면 다시 학습과 경험의 구간이 되는데, 중요한 것은 결과를 놓고 보면 '아! 그랬구나' 하고 알게 되지만 특정 시점에서 자신이 어디에 서 있는가를 판단하는 일은 결코 쉬운 일이 아닙니다.

그렇기 때문에 어떤 시점이든 간에 학습과 경험 그리고 통찰력이 총동원되어야 하며 균형을 잡는 일이 가장 중요합니다. 우리가 서 있는 지금이 어디인가에 대한 고민이 부동산을 이해하는 시작이 되어야 합니다.

일본의 사례만 나오면 이야기를 들어보기도 전에 습관적으로 손사래를 치면서 우리는 다르다고 합니다. 당연히 다르지만 이제는 적어도 귀 기울여 볼 시점이 되었습니다.

보고 듣고 이성적으로 판단해서 의미 없다고 생각하면 잊어버리면 될 일을 미리부터 귀를 막을 이유는 없으니까요.

사실 일본과 한국의 부동산 시장을 동일시해서 단순히 인구구성이나 출산율만 가지고 보는 것은 바람직하지 않습니다.

당시의 부동산과 관련된 세부적인 여러 상황이 다르고, 이런 것들이 각각 별개의 사안들에 영향을 미칠 것이 분명하기 때문입니다. 하지만 다른 점은 어떤 것이 있었으며, 우리의 경우와 비교해 보면 오히려 우리는 이래서 일본과는 다르다고 조목조목 반박할 수 있지 않을까요?

당시 일본과 현재의 우리가 다른 점을 한 번 살펴보겠습니다.

일본의 경우 1990년대 초반 주택가격이 정점을 찍었을 당시 일본의 주택가격상승률은 연 20%가 넘었습니다. 또한 담보대출을 100%까지 해준 이유로 자신의 돈이 한 푼 없어도 집을 매수할 수 있었기 때문에 거품이 과하게 형성되었습니다.

대출이라는 측면에서 보면, 우리나라는 오래 전부터 LTV(주택담보대출비율)나 DTI(총부채상환비율) 등의 대출규제를 지속적으로 하고 있고 그로 인해 주택가격이 많이 오르기는 했지만 일본의 상승율과 비

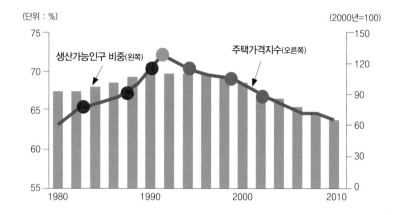

(단위 : %)　　　　　　　　　　　　　　　　　　　　　　　　(2000년=100)

생산가능인구 비중(왼쪽)　　　　주택가격지수(오른쪽)

교할 것은 아닙니다.

또한 당시 일본에서의 정책적 실기로는, 집값이 하락하면서 건설경기가 침체하자 이를 살리기 위해 대규모 택지를 개발했으며, 이는 다시 공급을 부르며 집값 하락을 부추기는 악순환이 반복되면서 현재 시점에 이르고 있습니다.

우리나라와는 다른 이런 점들을 알고 있는 상태에서 일본의 경우를 좀 더 살펴보겠습니다.

일본의 주택가격지수에 생산가능인구의 비중을 대비해 보면 위와 같은 그래프가 나옵니다. 이 그래프를 해석하면, 1980년대 주택가격은 생산가능인구의 증가를 따라가지는 못했지만 꾸준한 가격 상승을 하게 됩니다. 그러다가 1980년대 후반 부동산 부양정책에 힘입으며 상승이 가팔라졌으며 생산가능인구 라인까지 상승하게 됩니다.

이후 부채로 일어나는 상승은 수요를 감소시키는 것이 아니라 오히려 수요를 부르고, 상승이 상승을 부채질하면서 어느 시점에서 생산 가능인구 비중을 훌쩍 뛰어 넘게 됩니다. 그후 부채를 낀 자산은 급증하게 되고 거품국면으로 들어갑니다. 이런 자산가치의 상승은 어느 날 역사적인 변곡점을 맞으며 자산가치의 하락으로 이어지는 흐름을 그래프에서 읽을 수 있습니다.

이런 변곡점이 오게 되었던 것은 경제상태에 비해 과하게 올라간 집값도 한몫했지만 '부동산=인구'라는 기본적인 공식에서 벗어날 수 없었기 때문일 것으로 추정됩니다.

이 그래프에서 유심히 들여다봐야 할 포인트가 하나 있습니다. 하락하는 주택가격지수가 생산가능인구 비중의 그래프 끝선과 맞물리면서 내려오고 있다는 점입니다.

 ## 서울의 30년간 아파트 매매지수와 전세지수

이제 우리나라의 상황을 살펴보겠습니다.

다음의 그래프는 약 30년간 서울 아파트의 매매지수와 전세지수입니다.

1990년대 초 노태우 정부 때 200만 호의 집중적인 공급으로 지속적인 횡보를 한 이후 1998년 IMF로 조정을 받았지만 일시적이었고, 이후 한동안 계속 상승했습니다. 다시 2008년 서브프라임 모기지 이후 횡보 내지는 약간의 우상향 곡선을 그린 이후 2013년부터 정부의 부

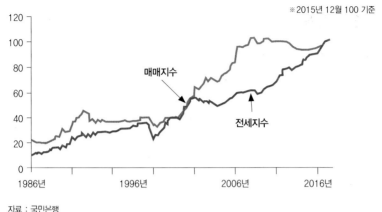

※2015년 12월 100 기준

자료 : 국민은행

동산 부양정책으로 지속적인 상승국면을 맞이하게 됩니다.

큰 흐름으로 보면 지속적인 우상향을 기록했으며, 이런 과거의 경험은 부동산에 대한 불패의 믿음을 만들어내기에 충분한 조건을 제공했습니다. 이에 더해 IMF나 서브프라임 모기지처럼 예상하지 못한 외부 충격으로 조정을 받았던 시기일수록 시간이 지나면 그 이상의 가격을 회복했다는 점에서 그런 충격은 결과적으로 매도시기가 아니라 매수시기였을 뿐이라는 경험을 소중하게 간직하게 됩니다.

전세의 경우도 매매와 별반 다르지 않게 정도의 차이만 있을 뿐 지속적이고 꾸준한 상승세를 기록해 왔습니다. 즉, 지난 30년 동안 일시적인 충격은 있었다고 하더라도 매매와 전세 모두 꾸준한 상승세를 기록했으며, 이는 인구증가와 경제성장, 소득증가, 인플레이션 등 복합적인 영향이 있었다고 생각됩니다.

● 한 줄의 행복

위대한 인간의 힘 傾聽(경청)

귀 기울여 듣고 눈으로 보고 마음으로 공감합니다.

귀로 듣고

눈으로 보고

마음으로 공감하라

지금은 추세선인가, 변곡점인가?

이제 조금 더 구체적으로 지금 우리가 서 있는 지점이 과거 경험해 왔던 계속적인 추세선으로서 앞으로도 유효할 것인지, 아니면 변곡점 일지의 여부를 살펴볼 필요가 있습니다.

그리고 변곡점으로서의 역할은 다시 10년 주기의 변곡점으로서의 가능성인지, 아니면 역사적인 대세 전환의 가능성인지, 2가지 측면에 서의 접근이 필요합니다.

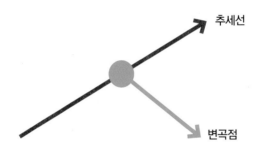

시점은 가만히 있는데 결과가 이름을 바꾸니

내 이름은 추세일까, 변곡점일까?

 ## 10년 주기 변곡점의 가능성

1998년 IMF로 인해 주택가격이 조정받은 이후 우연하게도 2008년 미국발 서브프라임 모기지가 10년 간격으로 국내의 주택시장에 충격을 주었고, 대규모 입주가 시작되는 2018년에도 10년 주기의 충격이 오는 것이 아닌가? 하는 10년 주기설의 전망이 있었습니다. 이것을 수요와 공급 측면에서 살펴보면 다음과 같습니다.

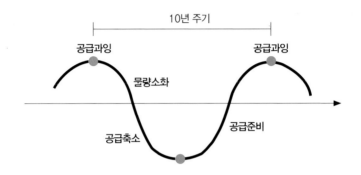

10년 주기설을 보면 상승기에는 재건축이나 택지공급 등이 원활히 진행되면서 조합이나 시공사에서 본격적인 공급을 준비하게 됩니다.

상승기를 거치면서 준비된 공급은 어느 시점부터 넘치게 되고, 이때 공급된 물량의 과잉으로 인해 가격은 조정기에 들어가며, 물량을 소화하는 데 시간이 필요하기 때문에 시장은 조정을 거쳐 하락기로 접어듭니다.

부동산 시장이 하락기에 접어들면 조합에서는 재건축·재개발 진행이 안 되고, 시공사에서는 시기를 뒤로 미루면서 공급을 미루게 되며, 그 결과 공급이 축소됩니다.

그 사이 과잉 공급된 물량이 소화되면서 공급축소의 영향으로 인해 시장은 서서히 회복기를 맞이하게 되는데, 이때부터 시장은 다시 공급준비를 하게 되고, 본격적인 상승기에 들어서면서 공급을 준비하는 단지들의 숫자가 많아지게 됩니다.

10년 주기설은 이런 수요와 공급의 사이클이 약 10년 정도의 주기로 반복된다는 내용입니다.

한 가지 기억할 것은, 이 10년 추세선은 대세 상승기라고 하면 일직선이 아니라 10년 주기이지만 우상향하는 라인으로 움직이게 될 것입니다.

이런 점에서 2013년~2018년까지의 상승은 10년 주기의 상승기로서 공급이 과잉되는 과정에 있는 변곡점이 될 수도 있다는 점에서 주의 깊게 관찰해 볼 필요가 있습니다.

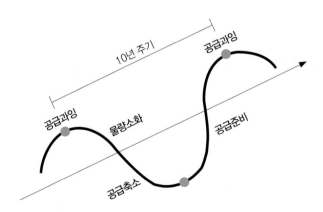

🏠 대세고점에 대한 가능성

또 하나의 가능성은 일본처럼 대세고점에서의 변곡점은 아닌지 생각해 볼 필요가 있습니다. 이에 대한 해답은 인구적인 요인을 살펴봐야 합니다.

우리의 출산율은 1983년 2.06을 기록한 이후 지속적인 하락을 거듭한 끝에 1.1에서 1.2대의 출산율을 기록한 지 10여 년이 넘었으며, 심지어 2018년 출산율은 0.98명으로 최악의 저출산을 기록하고 있습니다.

결국 장기적으로는 인구가 감소할 수밖에 없다는 뜻인데, 문제는 부동산에 이 인구감소율이 언제쯤 영향을 미칠지 고민해야 하는 시점이 점점 다가오고 있다는 것입니다.

그렇다고 하더라도 단순히 출산율만 가지고 부동산에 영향을 주는

출산율

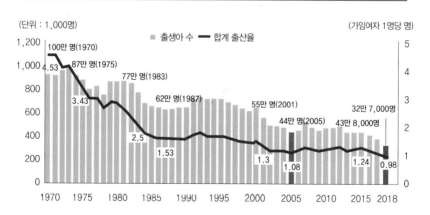

(단위 : 1,000명)　　　　　　　　　■ 출생아 수　━ 합계 출산율　　　　　　　(가임여자 1명당 명)

시점을 판단할 수 없는 이유는, 주택의 경우 가장 매수 여력이 있는 나이대가 50대 전후라고 보면 출생연도가 1960년대 후반~1970년대 초반 출생자로 아직까지 이 시기는 베이비부머 세대이기 때문입니다.

그래서 향후 부동산에 영향을 미치는 인구지표로는 아무래도 생산가능인구를 통해 가늠하는 것이 합리적일 것 같습니다.

우리나라의 생산가능인구는 2016년~2018년도를 정점으로 하락국면으로 접어드는데, 향후 10년간 15세~64세 생산가능인구가 218만 명 줄어들 전망이며, 이를 세분화하면 2016년~2021년 46만 명 감소하고, 2021년~2026년 172만 명 감소하는 것으로 나타났습니다. 특히 2018년을 기점으로 감소폭이 점차 증가하는 것으로 나타나고 있습니다.

생산가능인구 비중을 우리의 주택가격지수와 비교해 보면 그동안 유례를 찾아볼 수 없었던 낮은 출산율로 인해 생산가능인구의 감소율

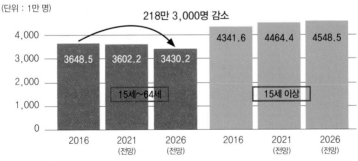

15세~64세 생산가능인구 전망

(단위 : 1만 명)

218만 3,000명 감소

4,341.6 4,464.4 4,548.5

3648.5 3602.2 3430.2

15세~64세   15세 이상

2016 2021(전망) 2026(전망) 2016 2021(전망) 2026(전망)

자료 : 고용노동부

은 일본보다 가파르게 줄고 있다는 점에서, 이번 상승장이 대세의 변곡점이 될 수도 있다는 점에 대해서 아직은 확신하기에 어렵지만 앞으로 여러 지표와 추이를 지켜보며 가능성을 열어 놓을 필요는 있습니다.

이와 별개로 장기적인 화폐가치의 하락과 총량의 증가, 그리고 부익부 빈익빈의 가속화와 특정 지역 부동산 공급의 한계 등의 큰 그림을 같이 살펴봐야 하며, 이에 더해서 우리나라가 기존에 일본과는 전혀 다른 정책여건들과 1인 가구의 증가, 세대분리의 가속화 등 부동산에 긍정적인 요인들을 포함해서 종합적으로 현재 시점에 대해 판단해야 합니다.

언급한 것처럼 아직은 가능성 수준이지만 앞으로 다양한 지표를 보면서 관심을 가져야 할 시점이며, 이 부분은 추후 여러 경로를 통해 지속적인 관심을 가지고 살펴보도록 하겠습니다.

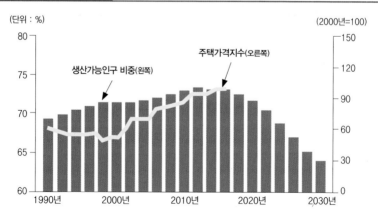

한국의 주택가격지수

자료 : 한국은행

부동산 투자를 하는
나는 누구인가?

　여기가 어딘지에 대해 질문을 던졌으니 다음은 '나는 누구인가'를 고민해 봐야 합니다. 스스로의 투자 패턴을 알아야 자신의 투자방식을 정할 수 있기 때문입니다.

　단순 비교로만 보면 주식은 100원에 사서 100원에 팔아도 본전이지만, 부동산은 사는 순간부터 취득세와 보유세 그리고 대출이자와 수익이 날 경우 양도세 등이 있기 때문에 100원에 사서 110원 정도에는 팔아야 본전이라는 점을 생각하면 주식보다 더 기울어진 운동장에서 시작하는 게임일 수도 있습니다.

　그럼에도 부동산에 대해 안전자산이라는 믿음이 있는 것은 실물이 존재하고, 거주를 목적으로 한다는 점과 그동안 부동산 시장이 소득

증가와 경제상승 등으로 장기적으로는 큰 수익을 주었기 때문입니다.

또한 구조적으로 거주와 연결되어 있기 때문에 매도가 쉽지 않다는 단점이 오히려 급작스러운 조정국면에서 팔지 못하고 강제로 버팀을 당하게 되었고, 장기적인 상승국면에서 이런 단점은 결국 자산의 증가로 연결되면서 주식과는 비교할 수도 없는 안전자산이란 인식이 퍼지게 되었습니다.

그런데 저성장 기조가 유지되고 인구가 감소하는 지금 상황으로는 과거의 투자패턴에 대해 냉정하고 객관적으로 돌아볼 만한 시점이 되었다고 볼 수 있습니다.

'나는 누구인가?'라는 주제를 이야기하기 위해 먼저 주식에 대한 이야기를 잠깐 해보겠습니다. 부동산이 긴 호흡을 요구한다면 주식은 부동산만큼 장기적인 호흡을 필요로 하지 않기 때문에 자신의 성향을 파악하기에 더 편리한 면이 있습니다.

 개미투자자가 주식에서 돈을 잃는 이유

주식의 투자주체를 기관, 외국인, 개인으로 나눠서 각각의 투자 수익률을 보면 아주 재미있는 결과가 나옵니다. 2010년 코스피는 21.9%가 올랐는데, 기관은 60.1%, 외국인은 51.7%의 수익을 올린 것에 비해 개인은 9.7%의 수익을 올리며 평균에 훨씬 못 미치는 수익률을 기록했습니다.

2011년 코스피는 10%가 넘게 하락했는데, 이때에도 기관은 14%, 외국인은 0.66%의 수익을 올린 것에 비해 개인은 무려 –32%를 기록했으며, 이 통계는 2012년에도 크게 다르지 않았습니다. 2017년 코스피는 전체 20% 정도가 상승해서 외국인은 48.8%, 기관은 28.8% 수익을 올린 것에 비해 개인은 17.6%로 항상 코스피를 밑도는 수익률을 기록하고 있습니다.

개인들이 항상 코스피를 밑도는 수익률을 기록한다는 의미는, 결국 기관과 외국인의 호갱님 노릇을 충실하게 하고 있다는 뜻인데 그 원인이 무엇일까요?

크게 2가지로 살펴볼 수 있습니다. 첫 번째는 시스템상의 원인, 두 번째는 투자습관의 원인입니다.

투자주체별 연평균 투자수익률

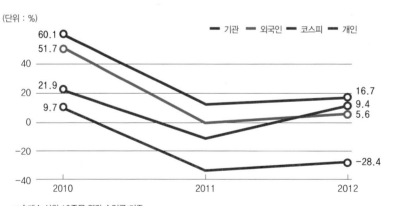

※ 순매수 상위 10종목 연간 수익률 기준
자료 : 한국거래소

먼저 시스템의 문제를 보면, 기본적으로는 자금규모의 차이를 들수 있습니다. 보유한 자금의 규모가 외국인과 기관에 비해 개인은 상대가 안 된다는 점이 가장 큰 차이인데, 이런 차이로 인해 생기는 정보의 불균형도 항상 개미가 당할 수밖에 없는 구조의 한 축임을 빼놓을 수 없습니다.

또한 이런 정보를 바탕으로 외국인과 기관은 공매도란 시스템이 가능하기 때문에 리스크를 줄일 수 있는 반면, 대다수의 개미들은 공매도 시스템을 사용할 수 없기 때문에 한쪽 팔을 묶고 싸움에 임할 수밖에 없는 구조적인 문제도 이유로 들 수 있습니다.

공매도 : 말 그대로 '없는 걸 판다'란 뜻으로 주식이나 채권을 가지고 있지 않은 상태에서 매도주문을 내는 것을 말합니다. 이렇게 없는 주식이나 채권을 판 후 결제일이 돌아오는 3일 안에 주식이나 채권을 구해 매입자에게 돌려주면 됩니다. 약세장이 예상되는 경우 시세차익을 노리는 투자자가 활용하는 방식입니다.

나는 누구인가?, 라는 이 주제를 놓고 이야기를 꺼낸 이유는 주식을 하지 말라는 것이 아닙니다. 주식을 시작하기 전에 내가 기관이나 외국인보다 열세에 놓여 있는 부분을 알고 시작해야 한다는 것입니다.

내가 누구인지를 알아야만 이들과의 싸움이 승산이 없다고 판단하여 피할 수도 있고, 싸워볼 만하다고 판단하여 싸우게 되더라도 개미들만 사용할 수 있는 장점을 사용하여 열세를 우세로 바꿀 수 있는 방법을 찾을 수 있는 것입니다. 이런 바탕이 있었을 때 설령 지게 되더라도 후회 없는 한판 승부가 됩니다.

나에 대한 성찰이 없는 상태에서 유리한지 불리한지, 자신이 어떤 행동을 하는지도 이해하지 못한 채 투자하게 되면, 이는 결국 무모한 시도의 반복으로 연결되고, 그로 인해 얻어지는 결과는 지난 투자주체별 수익률이 말해주듯이 외국인과 기관의 충실한 저금통 역할만 하게 될 뿐입니다.

나는 누구인가? 스스로에게 물으라.

자신의 속 얼굴이 드러나 보일 때까지 묻고 묻고 물어야 한다.

건성으로 묻지 말고 목소리 속의 목소리로 귀 속의 귀에 대고

간절히 물어야 한다.

해답은 그 물음 속에 있다.

– 법정 스님

나는 누구일까?

최근 서울 연구원의 한 논문에서 주택가격이 오르면 이혼률이 상승한다는 흥미로운 결과가 발표되었습니다.

기존의 가설인 주택가격이 높아지면 자산이 늘어나서 행복해지고, 이혼을 하게 되면 재산을 분배해야 하는 몫이 커지기 때문에 이혼을 기피한다는 것과는 상반되는 논문인데, 이 논문에 따르면 일정기간 통계청의 일반이혼율과 KB국민은행 주택가격시세를 비교했을 때 주택가격이 높아질수록 이혼율이 상승한다고 합니다.

이렇게 주택가격이 높아지면 이혼율이 높아지는 이유는 주택가격이 하락하는 시기에는 이혼을 하면 분배되는 몫이 작아지기 때문에 이혼을 기피

주택값 오르면 이혼율 상승

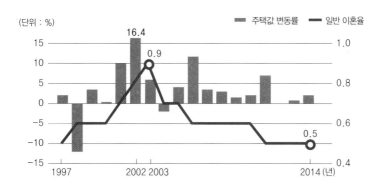

※ 일반이혼율 : 1년간 신고된 이혼 건수를 해당연도 15세 이상 인구로 나눈 비율
자료 : 통계청 · KB국민은행

하고, 주택가격이 상승하면 반대되는 이유로 이혼이 증가한다고 합니다.

주택이 가계자산에서 절대적인 비중을 차지하기 때문에 이혼 결정에 미치는 영향도 크다고 볼 수 있는데, 한편으로는 슬픈 이야기이기도 합니다.

돈을 버는 목적이 가족의 행복 내지는 주거환경 개선이라는 측면이 아니라 가족의 분해를 위해 필요하다면 대체 돈은 목적일까요, 수단일까요?

부동산은
과연 안전자산인가?

과거 우리의 부동산은 IMF나 서프라임 모기지 등으로 인해 일시적인 부침은 있었을지라도 중장기적으로 보면 지속적인 상승을 해왔기 때문에 절대로 실패하지 않는다는 경험과 확신으로 인해 부동산은 안전자산이라는 믿음이 쌓여 있습니다.

특히 주식과 달리 실물이 존재한다는 점에서 지속적인 인구증가와 경제력 상승의 시기였기 때문에 가격을 조금만 낮춰도 가져갈 누군가가 있었고, 임대료는 지속적으로 상승했기 때문에 이 믿음은 상당히 근거 있는 믿음이기도 했습니다.

그런데 이제 우리의 부동산이 10년 내지는 대변곡점에 서 있을 수도 있다고 가정한다면, 앞으로도 과연 안전자산의 역할을 계속할 수 있을까?에 대해 이제부터 이에 대한 고민이 필요한 시기입니다.

 비트코인 광풍

불과 얼마 전까지만 해도 폭등과 폭락을 거듭하면서 시대의 핫이슈가 되었던 비트코인에 대한 기사 제목을 몇 개 살펴보겠습니다.

> "지금 어린 학생들까지 자기 돈을 넣고 있다. 거품이 딱 꺼지는 순간까지 사람들은 사려들 것"
>
> "'돈 된다' 하면 우르르… '아니다' 또 우르르… CNBC "한국 때문에 하루 1,000억 달러 증발"
>
> '투자의 귀재' 혹은 '오마하의 현인' 등으로 불리는 워런 버핏 버크셔 해서웨이 회장이 비트코인 등 가상화폐에 대한 투자가 "나쁜 결말(bad ending)"을 가져올 것이라고 경고했다.
>
> "지금 정부와 지식인과 언론들은 여기에 뛰어들지 말라는 메시지를 분명히 내야 될 때"

이 같은 제목들이 눈에 띕니다.

블록체인 같은 암호화 기술의 발전으로 가상화폐가 향후 통화로 등장할지 여부는 논외로 하더라도, 2017년 말~2018년 초까지 1코인이 2,000만 원이 넘어가는 비트코인 시장에 대해서 정부를 비롯해 전문가들의 경고 메시지가 나오며 위험성에 대해 알리고 있었습니다.

하지만 일반인들은 이에 아랑곳하지 않고 시장에 참여하면서 정부 규제에 대해 "영원히 흙수저로 살아가란 말이냐?"고 반발하였고, 이들은 결국 거품이 꺼지는 것을 보면서도 '가즈아'를 외치며 불나방처럼 달려들었습니다.

 부동산의 위험신호

일부에서는 어떻게 부동산과 같은 실물이 있는 물건을 비트코인과 비교할 수 있느냐고 목소리를 높이기도 하지만, 부동산도 과열국면을 거쳐 하락국면으로 들어갔을 때 과연 안전자산이 될 수 있을까?, 라는 생각을 해볼 필요가 있습니다.

많은 사람들이 주식의 신용거래를 위험한 요소로 규정하고 있으며, 비트코인이 상승하면 상승할수록 비트코인 시장에 대한 경고가 나오는 반면에, 부동산만큼은 상승하는 시장에서 경고 신호를 보내면 시장을 잘못 읽었다는 사인으로 받아들이곤 합니다.

최근의 부동산 시장은 금리의 추세적 인상과 정부의 각종 규제가 겹겹이 쌓이고 있으며, 가상의 시장이었던 분양권이 입주물량으로 돌아오고 있는 시점이기도 합니다.

입주물량은 지방에 이어 서울을 제외한 수도권까지 역전세난이 발생하며 매매가를 끌어내리기 시작하면서 서서히 목을 조여오고 있음에도 불구하고, 실체가 없는 '유동성 장세'와 '공급부족'을 이유로 서울의 부동산 시장은 IMF 이후 최대의 상승폭을 기록하기도 했습니다. 하지만 서울도 현재 전세가격 하락이 시작되면서 과거와는 판이하게 다른 특이신호들이 발생하고 있습니다.

조정기 내지 하락기의 부동산 시장은 주식이나 비트코인보다 훨씬 위험한 시장입니다.

왜냐하면, 분양권은 주식으로 비교하면 원금대비 900%의 신용상품을 사용하는 것이고, 이런 분양권들이 지난 몇 년간의 호황기에 집중적으로 공급되었기 때문입니다. 분양권은 10억 하는 부동산 상품을 1억 주고 살 수 있지만, 상승할 때 10억에 대해 상승하고 10억에 대해 내리기 때문에 상승할 때는 좋지만 하락할 때는 감당할 수 없는 수준이 됩니다.

전세를 낀 갭투자의 경우도 전세가격이 통상 매매가의 3분의 2라고 하면 3배의 신용이 됩니다. 10억짜리를 3억 주고 사지만 오르고 내릴 때는 10억을 기준으로 오르내리기 때문에 신용을 과하게 사용한다는 점에서 위험성이 큰 데도 아무도 부동산이 위험하다는 생각을 하지 않습니다. '전세를 놓거나 전세금을 올려 받으면 되는 거지. 내려봐야 얼마나 내리겠어?'라는 지난 10년간의 경험과 학습구간의 효과 때문으로 보입니다.

그런데 아직까지 과거 30년간의 추세선이 앞으로도 유효하다면 다행이지만, 만약 지금 시점이 변곡점이라면 현재 레버리지를 최대치로 사용한 부동산은 주식이나 비트코인보다 위험한 시장이 됩니다.

그 이유는 주식이나 비트코인은 대부분의 사람들이 위험을 인식하고 있어서 자신이 감당할 수 있는 정도로만 거래하지만, 부동산은 주식보다 전체 볼륨이 비교할 수 없이 큰 데다가 자신의 자산의 대부분을 차지하고 있기 때문입니다.

더구나 부동산은 지난 시장에서 배워온 경험과 학습 그리고 실물이 있다는 믿음의 경험치가 레버리지를 최대한 만들어 놓은 현실에서는 더욱 위험한 시장일 수밖에 없습니다.

 ## 부동산 시장의 전환기에서 생각해야 할 한 가지

실물이 있는 부동산은 안전자산이 맞습니다.

그렇지만 앞으로는 과거와 같은 묻지마 투자패턴은 주식이나 비트코인보다 더 위험한 결과를 초래하게 될 것입니다. 전세를 낀 매매는 3배 신용, 일반 분양은 10배 신용을 일으키는 것과 다르지 않음을 인식해야 하고, 부동산 불패에 대한 믿음으로 인해 자신의 모든 것에 더해 레버리지를 일으키고 있는 현재의 과열된 투자는 경계심리가 작용하는 주식이나 비트코인보다 훨씬 더 위험하다는 것을 인식해야 합니다.

이런 내용을 알고 조심할 때에야 비로소 부동산은 안전자산이 될 수 있습니다.

칼은 사람에게 유용한 물건이지만 범죄자 손에 쥐어지면 그 사용과 위험성이 달라지는 것처럼, 부동산은 안전자산이지만 지금처럼 과열된 국면에서 나오는 경고음에 사람들이 무뎌져 있다면 최악의 투자자산이 될 수도 있음을 인식해야 합니다. 지금 그런 국면에 서 있다는 것을 절대 잊어서는 안 됩니다.

같은 칼 다른 모습

"가상화폐 거래소 폐지 정말 가능할까?" 2030 냉소 "바닥치면 더 살 것"

"정부가 경고해도 가상통화로 돈 몰리는 이유"

"비트코인 대폭락… 뿔난 투자자들" "법무장관 해임하라"

"반복되는 규제에도 멈추지 않는 '로또 청약'… 대책 있나?"

"집값 초양극화, 정부 강남 집값과의 전쟁… 김현미 장관 경질 국민청원"

"가격조정·급반등세 닮은꼴… 가상화폐-재건축 '형제?'"

가상화폐의 급등으로 쏟아져 나오는 기사를 보면 강남발 재건축 기사와 별반 다르지 않습니다.

가상화폐에 대해서 한 유명인이 언론사와의 인터뷰에서 한 말인데, 지금 시점의 부동산과 대입해서 새겨볼 만합니다.

"정부가 이 광풍에서 시민 보호 조치를 아무것도 안 하면 정부 잘못이 될 수 있다. 그러니까 정부와 지식인과 언론들은 여기에 뛰어들지 말라는 메시지를 지금 분명하게 내야 될 때다."

부동산은 정부의 제도권 아래에 있다는 점이 가상화폐와 다르긴 하지만, 정부가 지금 시장에 뛰어들지 말라는 메시지를 분명히 하고 있는 이상 시장이 무너질 경우 그 책임은 누구에게 있는 것일까요?

2장

현재의 부동산 시장을 이해하라

통계로 보는
수요와 공급

지금부터 살펴볼 표는 한국감정원에서 제공하는 것으로 전주 대비 주간아파트 가격동향입니다. 지난주 대비 상승과 하락이기 때문에 누적률을 기록한 데이터와는 다르게 봐야 하며, 이 표를 사용하는 이유는 각 시점에서 상승 또는 하락 여부의 흐름을 이해하는 데 가장 유용하기 때문입니다.

2018년도의 구간은 비이성적인 과열국면으로 지표를 읽는 것이 무의미해 보입니다. 그래서 의미 있는 내용만 별도로 읽어보기로 하고, 통계지표로 의미 있다 판단되는 구간의 가격동향을 살펴보겠습니다.

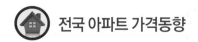# 전국 아파트 가격동향

전국 아파트 주간 가격동향을 5년 기준으로 보면 파란선인 매매는 2013년 4월 상승으로 돌아선 이후 일시적인 등락은 있었지만 꾸준한 상승을 2017년 말까지 기록하고 있습니다. 단지 상승폭은 점점 줄어들며 0으로 수렴하는 모습을 보이고 있습니다.

특히 관심 있게 봐야 하는 전세상승률은 5년 동안 매매와 다르게 마이너스 없이 계속 상승라인 위에 머물고 있어서 매매가 조정을 받을 때도 전세가격은 꾸준히 오르고 있었습니다.

2013년~2016년 초반까지 전세는 매매보다 큰 폭의 상승세를 유지하다가 점점 매매가격 상승률 수준으로 수렴했으며, 2017년 6월~8월에는 매매가 상승세를 기록했음에도 전세가격은 오르지 않은 채 기존의 추세선을 유지했고, 2017년 11월경부터는 매매가격 아래로 떨어지면서 마이너스를 기록하기 시작했음을 알 수 있습니다.

즉 전국적인 전세가격의 상승폭이 매매보다 높다가 매매에 수렴하면서, 결국에는 매매 아래의 지표, 특히 0 이하로 내려가고 있다는 의미는 공급이 부족한 시대에서 수요가 부족한 시대로 접어들고 있음을 의미합니다.

좀 더 자세히 살펴보기 위해 2017년 전국 아파트 가격동향만을 확대해 보겠습니다. 전국적으로 2017년 5월~8월까지는 매매 상승세가 돋보이며, 그 이후에는 전반적인 안정세를 유지하기 시작한 반면, 전세는 2017년 내내 전반적으로 안정세를 보였으며 11월 이후에는

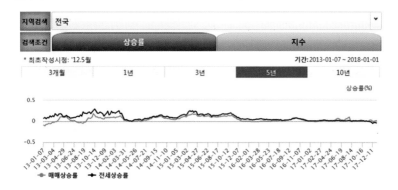

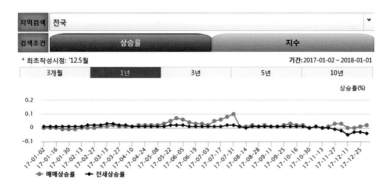

하락세를 보이기 시작했습니다.

이것은 전국의 수요와 공급의 상황이 뒤바뀌고 있는 시점임을 의미합니다.

이 같은 변화가 생긴 이유는 무엇일까요? 첫 번째 이유는 전국 평균 이상의 공급물량이 그동안 부족했던 공급을 메꾸며 수요와 공급

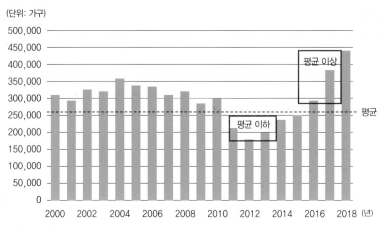

(단위: 가구)

평균 이상

평균

평균 이하

2000 2002 2004 2006 2008 2010 2012 2014 2016 2018 (년)

자료 : 부동산 114

이 점차 균형을 이뤄가고 있는 과정이며 이후로도 공급이 계속된다면 공급과잉으로 넘어갈 수 있다는 신호로 해석 가능합니다.

매매는 2~3년 후에 가격이 오를 것을 예상해 미리 사 놓는 가수요가 존재하지만, 전세는 2~3년 후에 오른다고 미리 계약하지 않는다는 점을 생각하면, 전세는 철저하게 현실에서 수요와 공급이 가격논리에 적용되는 척후병이기도 합니다.

그런 역할을 하는 전세가 마이너스 신호를 보낸 시점은 전국에 공급이 넘치는 시점으로 가시화되고 있음을 의미합니다.

이 지표는 전국적인 평균이기 때문에 지역마다 다른 상황을 보일수 있습니다. 그래서 특이점이 발생하기 시작한 2017년 지방, 경기, 서울의 각 지역별로 세분화해서 살펴보겠습니다.

2017년 지방 주간 아파트 가격동향

　2017년 지방은 전국 지표와는 상당히 다른 모습을 보이고 있습니다.
매매는 연초부터 꾸준히 마이너스와 보합선을 오르내리고 있으며,
이전에 꾸준한 상승세를 보이던 전세는 3월 중순 마이너스로 전환한
이후 연말로 갈수록 낙폭이 커지고 있습니다. 즉, 지방은 2017년 초
부터 매매는 이미 하락세가 시작되었으며, 공급은 2017년 3월 이후
에 넘치기 시작하면서 전세가격이 하락세를 기록했고, 연말로 갈수
록 하락폭이 커지고 있다는 것을 알 수 있습니다.

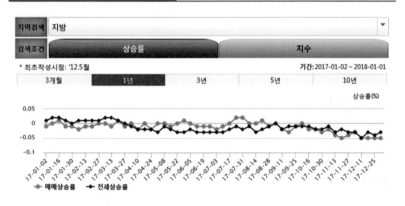

　다음으로 서울과 경기도의 2017년 주간 아파트 가격동향을 살펴
보겠습니다.

2017년 서울 주간 아파트 가격동향

2017년 서울의 매매와 전세상승률 지표가 전국 지표와 아주 흡사하다는 점에서, 결국 전국 지표는 서울이 주도했다고 볼 수 있습니다.

2017년 전국과 서울의 차이점은 서울의 상승폭이 컸다는 점과 전세가격 상승률이 점차 떨어지고 있기는 하지만 연말과 연초를 거치며 매매가격은 오히려 상승국면으로 들어가면서 양극화를 이끌고 있다는 것이 수도권 지표와의 가장 큰 차이점으로 보입니다.

그런데 여기서 주목할 점은 서울의 경우도 4월~8월까지의 상승장과 11월~2월까지의 상승장이 있었고 상당히 큰 폭으로 올랐음에도 전세가격은 기존 추세를 유지했다는 점에서, 서울의 전세가격이 조만간 조정국면으로 갈 것이라는 예측이 가능해 보입니다. 이 모습은 전국 그리고 수도권과 그리 다르지 않은 모습을 보이고 있습니다.

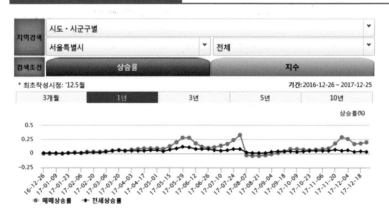

2017년 서울 주간 아파트 가격동향

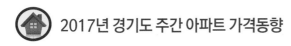

2017년 경기도 주간 아파트 가격동향

경기도를 살펴보겠습니다. 5월~8월까지의 상승 구간이 서울보다 기간도 짧았고 상승폭이 크지 않았습니다.

특히 매매의 경우 5월~8월 사이에는 서울과 동반 상승했지만 연말에는 매매가 보합 내지는 조정국면으로 접어들 것처럼 보이고 있다는 점에서 연말에 수도권 상승은 서울만 움직였다고 볼 수 있습니다.

전세의 경우는 11월 중순 이후 하락세로 접어들면서 하락폭이 눈에 띄게 가팔라지고 있는 모습을 보이고 있으며, 이것은 경기도 입주물량의 공급과잉이 2013년, 2014년 부족했던 물량을 메우며 현실화되고 있다고 볼 수 있습니다.

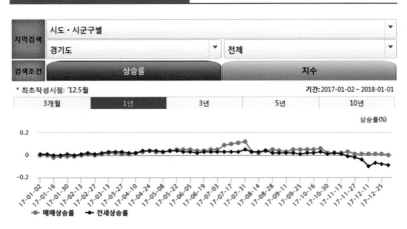

2017년 경기도 주간 아파트 가격동향

(단위: 가구)

입주물량 공급과잉 현실화 시작

2004년 124,984 / 2005년 98,071 / 2006년 83,010 / 2007년 68,483 / 2008년 80,032 / 2009년 110,097 / 2010년 111,863 / 2011년 60,006 / 2012년 67,791 / 2013년 49,438 / 2014년 56,958 / 2015년 69,187 / 2016년 93,596 / 2017년 130,900 / 2018년 161,097 / 2019년 123,560

 주목해야 할 하락 징조

이상 전국 주간 아파트 5년간의 가격동향을 수요와 공급의 측면에서 종합적으로 정리해 보면 다음과 같습니다.

1. 2013년 이후 매매는 꾸준히 상승했지만 상승 강도는 점차 약해지며 보합국면에 돌입하고 있으며, 2017년 들어서 변곡점이 나타나고 있습니다.

2. 매매가격의 상승에도 불구하고 전세가격은 전국적으로 안정세를 보였습니다.

3. 2017년 3월 중순 이후 지방이 떨어지기 시작했으며, 11월 중순

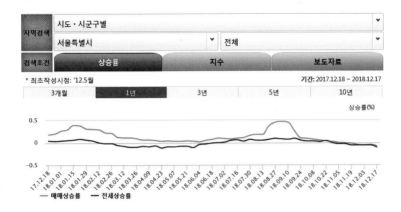

2018년 서울의 매매가·전세가 상승률

에는 경기권이 떨어지기 시작했고, 서울도 안정세를 보이고 있지만 추세로 봤을 때 곧 하락을 시작할 것이라는 예측이 가능합니다.

4. 실제로 2018년 2월~6월까지 서울의 전세가격이 하락함으로써 지방은 2017년 3월 중순 이후, 경기도는 2017년 11월 중순 이후, 서울은 2018년 2월부터 수요와 공급이 뒤바뀌기 시작했다고 볼 수 있습니다.

그렇다면 서울의 경우 2018년 2월부터 하락한 전세상승률이 왜 7월부터 10월까지는 다시 상승했을까?, 라는 의문이 생길 수 있는데 이유는 2017년 말까지 재건축 초과이익환수제를 피하기 위해서 관리처분을 신청한 단지들 중에서 이주수요가 발생하면서 나온 일시적인 현상으로 해석할 수 있습니다. 즉, 하락추세는 이미 2월에 신호를 주었으며 이주라는 특별한 이유로 7월~10월까지 반등한 것에 불과

하다는 결론에 도달합니다.

전세가격은 수요와 공급이 만나는 접점이며 이런 전세가격이 지방은 2017년 3월, 경기는 2017년 11월, 서울은 2018년 2월에 시간을 두고 하락했다는 의미는 그동안 대부분의 언론과 전문가들이 언급했던 '공급부족론'이 얼마나 허구적인 것인지를 보여주는 것이기도 합니다.

이렇게 명확한 지표로 오래 전부터 분명한 신호를 보내고 있었는데 '공급부족론'은 대체 누가 어디서 시작한 것이며 그동안 집값 상승의 동력으로 주장했던 것일까요?

유럽의 전설적인 투자자 앙드레 코스톨라니는 기업의 본질가치에 대해 다음과 같이 설명한 바 있습니다.

주인이 개를 데리고 산책을 나가면 개는 주인과 같이 가지를 않습니다. 개는 주인보다 앞서거나 뒤서거나 하기도 하고 때로는 이성에게 눈이 팔려서 옆길로 새기도 하고 딴짓을 하기도 하지만, 이내 주인에게 멀어졌음을 알아채고는 결국 주인이 가는 길을 따라갑니다.

종착점에 도착했을 때 개의 움직임을 분석해 보면, 주인은 단지 1km를 걸었지만 개는 앞서가거나 뒤쳐지기를 반복하면서 4~5km를 뛰어다니며 주인이 움직이는 몇 배의 행보를 보입니다. 여기에서 주인은 어떤 기업의 내재가치를 의미하며, 개는 기업의 주가를 의미합니다.

개가 다니는 행로는 심리와 유동성의 부분이라 일일이 따라다니며 예측하기 어려울 뿐 아니라 갑자기 마음을 돌리기도 하기 때문에, 이것을 따라다니기보다는 이성적이고 합리적인 지표 내지는 숫자로 알 수 있는 사람(내재가치)의 행로를 보면서 예측하는 것이 현명한 일입니다.

예를 들면, 개가 사람보다 앞서 있으면 매도하고, 개가 사람보다 뒤쳐져 있으면 매수하는 신호로 삼되 확실히 이길 자신이 있는 구간에서만 승부를 거는 전략을 생각해 볼 수 있습니다.

부동산의 본질가치

부동산의 경우도 마찬가지입니다.

부동산이 본질가치가 있고 가격이 있다면, 본질가치는 사람에 해당하고 가격은 개에 해당하게 됩니다.

부동산의 본질가치는 기업의 재무제표처럼 금리, 수요와 공급, 정부 정책, 경제 등 여러 지표를 통해 판단 가능하지만 현실에서의 부동산 가격은 본질가치보다는 개의 마음에 따라서 얼마든지 앞설 수도 뒤쳐질 수도 있습니다.

이런 경우에 말이 안 통하는 개를 따라가기보다는 이성을 가진 사람을 따라가는 것이 훨씬 삶의 질을 높이는 길이 될 것입니다.

개가 4~5km를 움직이며 기쁨을 누리기도 하고 슬픔에 직면하기도 할 때 나는 1km만 움직이면서 나머지 시간을 나를 위한 사색이나 삶의 행복을 전제로 하는 투자를 위해 사용하면 어떨까요? 결과적으로는 같은 지점에서 만나게 되기 때문입니다.

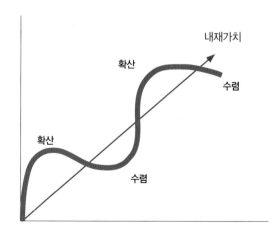

확실한 것이 하나도 없는 미래에 대해, 결국 실체에 수렴하는 내재가치의 본질을 보는 훈련을 하지 않는다면 바쁘기만 할 뿐 시장은 허상일 수밖에 없습니다.

주식은 위기를 느끼면 느끼는 대로 매도가 가능하지만, 부동산은 정부 규제 등이 예상되는 시점에는 뜻하지 않은 규제로 인해 하루아침에 매도가 불가능해지는 일들이 생기기 때문에 주식보다는 더욱 보수적으로 그리고 선제적으로 대응해야 합니다.

코스톨라니의 주식투자 10계명은 부동산의 상황에 따라 다르게 적용될 수 있지만 부동산 투자자라면 꼭 한 번 읽어 봐야 할 내용입니다.

앙드레 코스톨라니의 주식투자 10계명

1. 주식을 살 때는 어떤 종목을 살 것인지 신중하게 결정하라.

2. 심리적 압박에 시달리지 않을 만큼 충분한 돈을 보유하라.

3. 모든 일이 예상과 다르게 진행될 수 있다는 점을 명심하고 인내하라.

4. 확신이 서면 물러서지 말고 강하고 고집스럽게 밀어붙여라.

5. 자신의 생각이 잘못될 수 있음을 인정하고 유연하게 행동하라.

6. 전혀 새로운 상황이 전개되면 즉시 팔아라.

7. 보유주식의 리스트를 수시로 살펴보고 지금도 역시 살 것인지
   점검하라.

8. 해당 종목에서 대단한 가능성이 예견될 경우에만 사라.

9. 모든 위험은 물론 발생 가능성이 전혀 없는 위험까지도 고려하라.

10. 성공을 거두었더라도 겸손하게 행동하라.

현재 부동산 시장의
힘의 균형

통계를 통해 지난 시장을 보면, 지방부터 공급이 넘치기 시작해서 경기도 그리고 이제는 서울까지 넘치는 시점에 진입하고 있습니다. 그럼에도 불구하고 서울은 2018년 매매가격이 상승국면에 있어서 서울 이외의 지역과 극단의 양극화 장세를 보이고 있는데, 이제 향후 전개될 시장을 힘의 균형을 통해 예측해 보고 어떤 요소들이 영향을 미칠지 살펴보겠습니다.

2018년에 가장 많이 언급되었던 부동산 용어가 '부동산 시장의 양극화'였습니다. 이런 양극화의 흐름에 따라 서울과 서울 이외의 지역으로 나누어 보면 서울은 상승, 서울 이외의 지역은 하락하고 있기 때문에 향후 부동산 시장에서 나타날 수 있는 큰 그림은 아래 3가지 경우가 있을 수 있습니다.

1. 서울 이외의 지역이 가격을 회복하며 서울의 상승을 다시 따라가며 시장이 동조화하는 경우
2. 서울은 계속 상승하고, 서울 이외의 지역은 지속적으로 하락하면서 양극화가 지속되는 경우
3. 서울도 결국 가격 조정을 받으며 전체가 동조화하는 경우

그런데 현재 나타나고 있는 지방에서 시작된 하락이 경기권까지 번지고 있는 주요 원인이 입주물량임을 생각해 보면, 2017년 38만 가구의 입주물량에 이어서, 2018년 44만 가구, 2019년에도 40만 가구 이상의 입주물량이 예상됩니다. 또한 2018년에도 분양물량이 크게 줄지 않고 있어서 이들이 2020년 이후의 입주물량에 영향을 준다는 점에서 보면 서울 이외의 지역이 단시간에 조정국면에서 벗어날 가능성은 희박해 보입니다.

그래서 1번의 가능성인 서울 이외의 지역이 다시 가격을 회복하며 서울을 따라갈 가능성은 거의 없다고 보여집니다. 그렇다면 남아 있는 경우의 수는 2번과 3번인데, 그 중 어떤 것이 더 가능성이 높을까요? 어느 하나가 가능성이 높다면 그 이유는 무엇인지 생각해 보겠습니다.

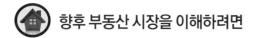 **향후 부동산 시장을 이해하려면**

　위에서 언급한 2개의 가능성은, 결국 서울과 서울 이외 시장의 양극화인가, 아니면 동조화인가로 볼 수 있습니다. 핵심은 향후 서울의 집값이 어떤 행보를 보이느냐가 이 둘 중에 한 개의 단어를 선택하는 핵심이 될 것입니다.

　이번 정부 출범 이후 부동산 관련 규제의 강화기조가 일관되게 유지되고 있으며, 금리상승과 세계적인 유동성 축소로 인한 대외 환경이 급격히 악화되고 있어서 정상적인 상황이라면 가격이 하락해야 함에도 불구하고, 2018년 서울은 공급부족이란 동력에 힘입어 가격이 상승하는 결과를 만들어냈습니다.

　하지만 결국 11월 들어서 전세가의 급락으로 공급부족이 아님을 알리고 있음에도 불구하고, 부동산 불패에 대한 믿음과 양극화의 지속성에 대한 기대감으로 저가 급매물이 나오기 시작했지만, 아직은 힘겨루기 양상으로 볼 수 있습니다.

　결국 향후 부동산 시장을 이해하려면 무엇보다도 현재 매도자와 매수자 간의 힘의 균형이 어떻게 될지를 살펴봐야 합니다. 이를 위해서는 현재 매수자와 매도자가 처한 입장의 차이를 이해할 수 있어야 합니다.

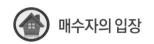 **매수자의 입장**

먼저 매수자의 입장입니다.

집을 사려고 하다가 기회를 한 번 놓치니 지난 가격이 생각나서 따라 들어가기 겁이 납니다. 이런 상황에서 집값이 계속 오르니 이러다가 강남에 다시는 들어가지 못하는 것 아닌가 하는 조바심이 생깁니다.

이러지도 저러지도 못하고 있는 상황에서 8·2대책이 나오면서 '다행이다'라고 생각했었는데 8·2대책마저 별 효과를 못보고 집값이 다시 오르기 시작하니 조바심이 공포심으로 바뀌며, 강남집값은 절대로 안 떨어질지도 모른다거나 이런 분위기에서 조정받아 봐야 얼마나 조정받을까?, 라는 생각이 들면서 참기가 어렵습니다.

이런 사람들 중에 일부가 매수자 역할을 하게 되고 거래량을 형성하며 최고점 매매에 참여하게 됩니다.

2018년 들어서는 9·13대책이 나오고 대출이 완벽하게 막히면서 지금 들어갔다가 상투 잡는 것은 아닐까? 하는 두려움과 정부정책, 금리, 수요와 공급 등으로 봤을 때 이성적으로 보면 오를 이유가 하나도 없으니 이번 시장은 넘기고 다음 시장을 한 번 기다려보자는 생각을 하게 됩니다.

참여하고 싶어도 대출이 안 되거나 아무래도 상투 같다는 의심이 시장에 팽배해지기 시작하니 거래가 줄어드는 것은 당연한 일일 것입니다.

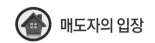 **매도자의 입장**

다음은 매도자의 입장입니다.

8·2대책이나 9·13대책을 보니 어이가 없습니다. 빚내서 집 사라고 할 때는 언제고 이제 와서 무슨 범죄자 취급을 하려고 합니다. 다주택 중과세, 조합원 지위승계 금지에 대출을 옥죄는 것은 물론이고 다주택자에게 세금을 왕창 물리는 보유세 인상까지 결정된 마당에 부동산을 소유하고 있어야 하나 고민스럽기만 합니다.

그럼 팔아야 하나? 하고 팔려고 봤더니 매도해서 전세금 빼고 다만 얼마라도 현금을 쥐면 뭘 해야 하나 생각해 보니, 아직까지는 예금금리가 낮은 상태에서 다른 투자 대안이 없습니다.

양도세가 아무리 중과세되어 봐야 버는 것에서 내는 것이니 신경 쓸 필요 없고, 기준금리가 오른다고는 하지만 아직 전반적인 저금리 상태에서 1%대 예금금리만 못하랴? 하는 생각이 들면서, 팔고 나서 가격 오르면 후회하지 말고 특별히 돈 급한 것 아니니 더 가져가며 분위기 보며 결정하자는 생각을 하게 됩니다.

분양권 소유주의 경우도 대출이 묶이니 어쩌니 하지만 이제부터 매수하는 사람 얘기일 따름입니다.

계약금 10%는 이미 들어가 있고, 중도금 60%는 대출 실행해 놔서 특별히 신경 쓸 것이 없고, 나머지 30%는 입주 때나 내면 되는데 입주는 아직 시간 여유가 있습니다.

이자도 매번 내는 것이 아니어서 시공사에서 내주거나 후불제이기 때문에 입주 때까지 신경 쓸 것이 없는데, 이거 팔아봐야 양도세 내고 얼마 안 되는 10% 자금으로 특별히 할 것도 없으니 시장을 좀 더 지켜보자는 생각이 듭니다.

전세 낀 다주택자의 경우도 서울의 경우 전세가격이 오르지는 않았지만 아직 유지되고 있고 설마 전세가격이 떨어질 거란 생각이 들지 않습니다. 전세 끼고 매수했으니 대출 묶여봐야 나와 상관이 없는 이야기이기도 합니다.

서울의 경우 집이 없으면 없지 설마 역전세난이 나겠어?, 라는 생각을 하니 마음이 한결 가볍습니다.

 ## 거래량이 줄어들 수밖에 없는 근본 이유

이상에서 살펴본 매도자와 매수자의 상황이 2018년 10월까지의 일이었습니다.

11월 들면서 서울도 전세가격이 급락하기 시작하면서 '공급부족 이라고 했잖아. 뭐가 어떻게 된 거지?' 하는 의문이 생기기 시작합니다.

그럼에도 불구하고 '설마 서울이?', 라는 믿음은 깨지지 않습니다.

'내려봐야 얼마나 내리겠어? 곧 반등하겠지', 라고 편안하게 생각하려고 합니다.

11월 들어 한국이 금리를 올리고 12월에는 미국이 금리를 올리면서 불안한 마음이 커지고 있기는 하지만, 아직도 지난 40년간의 학습효과가 물건을 내놓게 할 정도는 아니라고 생각합니다.

    이것이 2018년 12월 현재 매도자의 마음이고 거래량이 줄어들 수밖에 없는 근본적인 이유입니다.

보수적인 성향의 브리핑을 주로 하다 보니 저를 좋아하는 사람도 보수적이거나 이성적인 분들이 대부분입니다.

특히 강남에 거주할 만한 경제력에 인터넷 카페 활동을 하는 분들의 특성상 때로는 지나칠 정도로 많은 정보를 가지고 있기도 하고, 자기만의 중심이 있어서 좀처럼 다른 사람의 의견에 흔들리는 경우가 별로 없습니다.

이런 보수적인 분들이 상승이 한창이던 2016년을 넘어서면서 언제부터인가 대화 내용이 바뀌기 시작합니다.

"처음부터 매수하려고 했던 것은 아닌데 정신을 차려보니 나도 모르게 집이 몇 개가 되었더라" 하면서 상승장의 기쁨을 누리는 모습을 자주 목격하곤 합니다.

다른 얘기로 넘어와서 미국의 서브프라임 모기지를 다룬 영화 〈빅쇼트〉를 보면 주인공들이 부동산에 대한 시장조사를 합니다. 그러던 중에 "집은 100채가 넘는데 사는 사람은 4명", "강아지 이름으로 받은 대출", "고가의 집 한 채에 대출이 2개, 그런 집 5채를 소유한 스트립걸"을 만나며 부동산 시장이 한계에 와 있음을 알게 되고, 이 결과는 곧 미국의 서프라임 모기지로 이어진다는 내용입니다.

대출 규제로 이미 조절에 들어간 우리나라의 경우는 미국과 다르기는 하지만 제가 만나는 절대 보수적인 성향의 분들이 자신도 모르게 집을 몇 개씩 소유했다면 대체 평균적인 일반 사람들은 오랜 저금리 기조와 이번 상승장에 몇 개의 부동산을 소유했을까를 생각해 보게 됩니다.

더구나 미국에는 없는 제도인 분양권의 경우 90% 대출과 다름없는 상품이 지난 몇 년간 물량을 쏟아내며 프리미엄을 형성했다고 생각하면 아찔하기까지 합니다.

미국 영화 〈빅 쇼트〉가 그저 우리와 상관없는 영화이기를 바랄 뿐입니다.

서울 부동산 시장의 향방은 다주택자들이 쥐고 있다

지방에서 시작된 매매가격의 하락이 확산되면서 현재까지 부동산 시장에는 양극화의 흐름이 유지되고 있습니다. 이런 시점에서 서울의 경우 향후 시장의 키를 누가 쥐고 있는지를 살펴볼 필요가 있으며, 이 키를 쥔 사람을 찾으려면 수요와 공급을 주목해야 합니다.

정부의 부동산 대책이 나왔음에도 상승이 지속되자 언론과 전문가들은 '공급부족'을 이유로 내세웠습니다. 시장을 힘으로 누르려고 하지 말고 공급을 늘려서 자연스레 안정을 시키라는 논조인데, 논리만 들으면 아주 합리적인 말로 들립니다. 하지만 서울 도심의 경우 땅이 없기 때문에 재개발·재건축 이외에 공급할 방법이 없다는 점에서, 결국 서울 외곽에서의 공급은 의미 없는 대안으로 보입니다.

정부에서는 지속적으로 '서울도 공급이 부족한 것은 아니다'라고 말하고 있지만 가격이 상승하는 상황에서 이런 얘기는 사실에 부합한다고 해도 의미 없는 메아리일 수밖에 없는 것이 현실이기도 합니다.

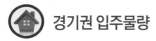 경기권 입주물량

서울을 짚어보기 전에 잠깐 경기권 입주물량에 대한 애기를 해봤으면 합니다.

불과 얼마 전까지만 해도 동탄, 다산 등 수도권 인근 신도시에는 청약 경쟁률이 몇 십대 일에서 몇 백대 일의 경쟁률을 기록하며 완판사례를 기록했습니다. 그러던 것이 입주물량이 돌아오면서 역전세난이 생기고, 그로 인해 매매가격이 끌어내려지고 있는 것이 현실인데 어찌보면 잘 이해가 안 되는 상황이기도 합니다.

왜냐하면 입주라는 것이 어느 날 갑자기 시작되는 것이 아니고, 분양하고 공사하고 입주하는 기간까지 장시간이 걸리기 때문에, 경기권의 입주물량이 과하다는 것은 이미 몇 년 전 분양할 때부터 누구나 알 수 있었던 사실입니다.

그럼에도 불구하고 언론에서 부축이고 일반인들이 시장에 너도 나도 가세하면서 최고 경쟁률을 기록하게 되었으며, 입주시점에 물량이 쏟아져 나오는 것을 확인하고서야 이럴 줄은 몰랐다고 말하거나 이제 와서 그럴 줄 알았다는 반응에 대해 어떻게 받아들어야 할까요?

꾸준히 과잉되어 온 경기권 입주물량에 대한 경고를 제대로 하지 않은 전문가들과 언론의 문제일지, 일부에서는 경고를 했음에도 불구하고 시장에 참여하는 사람들의 문제일지 여부는 뒤로 하고, 결국 현실화되는 시점에서야 마치 잘 알고 있었다는 듯 모든 것이 문제였다고 말하는 풍조는 개선되어야 할 부동산 시장의 단면이기도 합니다.

🏠 서울 입주물량

서울의 경우도 과연 지금 시점에 수요와 공급이 언론에서 말하는 공급부족이 맞는지, 정부에서 말하는 공급부족이 아닌지의 여부를 잘 살펴볼 필요가 있습니다.

왜냐하면 미국의 지속적인 금리인상으로 우리도 저금리 기조를 마감하고 금리를 올리며 앞으로 상승추세로 방향을 잡았으며, 정부의 부동산 규제책이 끊임없이 나오는 시점이기 때문에, 부동산에 유리한 대외적인 이유가 없음에도 불구하고 상승 논리로 서울은 공급부족이기 때문에 양극화가 지속될 것이라는 이유가 현재로서는 가장 큰 논리의 중심에 서 있기 때문입니다.

수요와 공급을 확인하는 방법으로는 지난 몇 년간의 입주물량과 향후 입주물량을 비교하는 것이 가장 일반적인 방법일 것 같습니다. 이와 관련해서 이번에 정부에서 나온 8·2안정화 대책의 자료를 살펴보겠습니다.

(단위 : 1만 호)

구분		10년 평균	5년 평균	2017년 평균	2018년 평균
수도권		19.5	20.5	28.6	31.6
서울		6.2	7.2	7.5	7.4
	강남4구	–	1.7	1.9	2.4
경기		11.1	11.5	18.7	21.5
	과밀억제	–	5.6	7.8	7.5

수도권 · 서울 공동주택 분양물량

(단위 : 1만 호)

구분	10년 평균	5년 평균	2014년	2015년	2016년	2017년
수도권	15.4	17.2	12.4	27.2	23.3	23.1
서울	3.3	3.8	3.3	4.6	4.3	6.1

이 자료는 아파트와 다세대 등을 합한 물량으로 일부 자료에서 나오는 아파트만 계산된 입주물량과는 차이가 있음을 미리 알려드립니다.

서울의 입주물량이 10년 평균 6만 2천 호, 5년 평균 7만 2천 호인데, 2017년의 입주물량 7만 5천 호와 2018년의 입주물량 7만 4천 호는 모두 5년 평균 입주물량과 10년 평균 입주물량의 평균치를 상회하는 물량입니다.

또한 분양의 경우에는 5년 평균이 3만 8천호, 10년 평균이 3만 3천 호인데, 2015년의 분양물량은 4만 6천 호이고, 2016년의 분양물량은 4만 3천 호로 5년 평균, 10년 평균과 비교해서 무려 30% 정도의 분양물량이 많았으며, 2017년의 분양물량은 6만 1천 호로 평균치의 190%에 육박하는 물량을 분양했습니다.

이상에서 살펴본 것처럼 지난 몇 년간의 입주물량을 기준으로 하면 숫자상으로는 정부에서 말하는 것처럼 '공급이 부족한 것이 아니다'라는 말에 신뢰가 더 가는 상황입니다.

 다주택자의 증가

정부의 자료를 보면, 수치적으로 공급부족이 보이지 않음에도 불구하고 서울은 가격이 상승하며 지속적으로 공급부족에 대한 얘기가 나오고 있는데, 그 원인은 지난 몇 년간의 다주택자 증가 수를 보면 이해가 갑니다.

최근 몇 년 사이 다주택자가 급속도로 늘었는데, 그 증가 이유로 다음 3가지를 꼽을 수 있습니다.

1. 저금리 기조
2. 대출규제 완화
3. 정부의 부동산 부양책

이런 이유로 인해 2012년~2016년 10월까지 5년 만에 다주택자가 34만 8천 명가량 늘어난 것으로 나타났습니다. 특히 이 기간 중에서

(단위: 명)

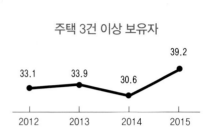

주택 3건 이상 보유자

자료 : 통계청

도 2015년 이후에 부동산 시장 상승에 힘입은 다주택자 비율이 크게 증가했으며, 3주택 이상자의 비율도 크게 늘어났습니다. 이후 2016년과 2017년의 상승을 고려하면 이 비율은 훨씬 늘어날 것으로 생각됩니다.

 ## "투기할 공급이 부족한 것이다"

다음 표에서 2015년~2016년까지 가구단위 주택소유현황을 보면 무주택자는 늘고 1주택자는 감소했으며, 2주택 이상의 다주택자들의 주택소유가 늘어났다는 점은 시사하는 바가 크다고 할 수 있습니다.

다주택자가 많다는 의미는 주택가격의 상승기에는 모두가 잘 버틸 수 있지만, 부동산이 하락기에 들어서는 경우 문제가 생길 수 있

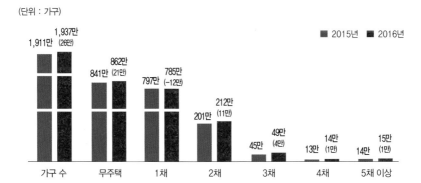

(단위 : 가구)

■ 2015년 ■ 2016년

가구 수	무주택	1채	2채	3채	4채	5채 이상
1,911만 / 1,937만 (26만)	841만 / 862만 (21만)	797만 / 785만 (-12만)	201만 / 212만 (11만)	45만 / 49만 (4만)	13만 / 14만 (1만)	14만 / 15만 (1만)

※( )는 증감폭

습니다.

실거주자가 많으면 주택가격이 조정기에 들어가도 어차피 내가 거주하는 집이기 때문에 버티는 것이 가능합니다. 하지만 다주택자들의 비중이 늘어난 상태에서 주택가격이 하락하게 되면 이들 중 상당수가 전세를 끼거나 레버리지를 일으켰다는 점 때문에 버틸 수 있는 여력이 없을 것입니다. 다주택자들이 많아졌다는 말은 상승의 심리가 무너졌을 때 의외의 급락장세가 펼쳐질 수 있다는 근거가 되기도 합니다.

위의 표는 전국의 다주택자 수를 나타내고 있지만 대다수의 다주택자가 입지 좋은 지역인 서울 내지는 수도권을 매입했다는 점을 생각하면 서울이 공급부족처럼 보이는 것은 다주택자들이 물건을 매수함으로써 그렇게 보이는 것이고, 그렇기 때문에 결국 서울의 향후 부동산 시장의 키는 다주택자들이 물건을 내놓느냐, 내놓치 않고 버티느냐에 달려 있다고 볼 수 있습니다.

8·2대책 이후 언론의 공급부족 기사에 시달리던 정부 담당자가 한 말이 유난히 기억에 남습니다. "공급이 부족한 것이 아니고 투기할 공급이 부족한 것이다."

 ## '서울 엑소더스' 현상

여기에 더해서 서울에 대해 주의해서 볼 것은 지난 몇 년 동안 서울 집값과 전세가격의 강세가 이어지면서 주거비 부담을 느낀 3040세대들의 '서울 엑소더스'가 빠른 속도로 진행되고 있다는 것입니다.

통계청에 따르면, 서울에서 경기도로 전입한 30세~49세 인구는 2014년 13만 8,990명, 2015년 14만 5,356명, 2016년 14만 8,203명, 2017년 12만 4,125명(11월까지 누적)에 달합니다.

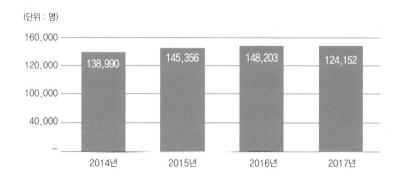

서울에서 경기도로 전출한 30~40대 인구 수

(단위 : 명)

연도	인구 수
2014년	138,990
2015년	145,356
2016년	148,203
2017년	124,152

서울에서 한 번 빠져나간 인구는 서울의 전세값이나 매매값이 다시 조정받더라도 자녀의 학군 등의 영향으로 다시 서울로 돌아올 수 없다는 점에서 서울의 수요기반이 약해지고 있음을 인식해야 하며, 이는 결과적으로 전세값 등에 영향을 줄 가능성이 크다고 볼 수 있습니다.

서울 인구를 연도별로 보면 2009년 1,020만 8,302명에서 2010년 1,031만 2,545명으로 1.02% 상승률을 보인 이후 2011년 1,024만 9,679명, 2012년 1,019만 5,318명, 2013년 1,014만 3,645명, 2014년 1,010만 3,233명, 2015년 1,002만 2,181명, 2016년 993만 616명, 2017년 985만 7,426명으로 이미 2016년에 서울 천만 인구의 벽이 무너졌습니다. 이는 서울도 수요기반의 약화로 볼 수 있으며 전세 등의 임대수요에 영향을 미칠 것임을 예고하는 지표이기도 합니다.

　최근 들어 다주택자들이 '버틴다'는 내용의 뉴스기사를 많이 접할 수 있습니다.

　우리가 '버틴다'라는 단어의 사전적 의미는 '어려운 일이나 외부 압력을 참고 견딘다'라는 뜻입니다.

　예컨대 군대나 학교에서 벌을 받을 때 특정 동작으로 멈춰 정지해 있는 자세를 강요받는다면, 벌을 받는 사람 입장에서는 '버틴다'라는 표현을 하게 됩니다.

　이 말은 바꿔서 표현하면 각종 어려움이나 외부 압력에 직면해 있는 상황의 다른 표현이기도 합니다.

　결국 이런 '버티는 국면'의 어려움을 해결하는 방법으로는 2가지가 있습니다. 하나는 벌 주는 사람이 마음을 바꿔서 자세를 풀어주던가, 다른 하나는 버티다 버티다 무너져 특정 자세의 압력과 고통에서 벗어나는 것입니다.

부동산 시장에서 '버틴다'의 의미

　최근 부동산과 관련된 기사에서 이런 단어가 많이 쓰이는 이유는 현재의 모든 상황이 부동산에 유리하지 않은 환경 때문이라고 볼 수 있습니다. 결국 이런 환경은 특정 자세의 압력과 고통이라는 의미이며, 이 압력과 고통을 해결할 수 있는 방법은 앞서 이야기한 것처럼 2가지 방법 정도가 있습니다.

하나는 경제가 좋아지면서 인플레이션이 생기거나 금리가 다시 하락하고 정부정책이 부동산 부양으로 바뀌면서 대출을 늘려주는 등 압력을 가하는 환경이 바뀌는 방법이 한 가지가 있고, 나머지 하나는 가격이 무너지면서 지금의 외부적 환경과 결을 같이 하는 가격 흐름이 있을 때 '버틴다'는 단어가 더 이상 안 어울리게 될 것입니다.

이런 상황들을 고려하면 뉴스기사에서 '버틴다'라는 단어가 많이 쓰이고 주변 여건이 개선될 조짐이 보이지 않는다면, 이 시점은 '꼭지' 내지는 '상투'의 다른 표현이기도 합니다. 왜냐하면 상승할 여력이 아직도 충분하다면 '버틴다'라는 표현은 어울리지 않기 때문입니다.

힘의 균형이
깨지는 원인

지금까지 서울의 향후 부동산 시장의 키를 누가 가지고 있는지 살펴봤습니다. 이제 앞으로 시장이 어떻게 진행될지를 이해하려면 향후 다주택자들이 어떤 행보를 보일지 예상해 보는 것이 가장 필요해 보입니다.

"다주택자 버티기에 매물 오히려 부족하다"

"다주택자 버티기로 '보유세 인상' 검토 본격화"

"세부담 커지는데… 과연 다주택자는 버틸 수 있을까?"

서울 부동산 시장의 키워드를 쥐고 있는 다주택자들이 앞서 언급한 여러 가지 이유로 현재까지는 불편한 이유가 없었지만, 앞으로 다주택자들에게 어떤 일이 생길지를 살펴보면 답이 나오게 됩니다.

 ## 다주택자가 불편해지는 경우

서울 부동산 시장의 키를 쥐고 있는 다주택자들이 매도자로서 어떤 경우에 불편해질까요? 한 번 생각해 보겠습니다.

1. 양도세가 올라서 세금을 많이 내게 되는 경우
2. 금리가 올라서 이자부담이 늘어나는 경우
3. 보유세가 올라서 매년 내는 세금이 오르는 경우
4. 전세가격이 내려서 세입자에게 보증금을 돌려줘야 하는 경우
5. 분양권 보유자가 입주시기에 전세입자를 못 구하거나 전세금을 원하는 가격에 맞추지 못하는 경우
6. 입주 시 잔금 대출이 안되는데 세입자도 못 구하는 경우

이러한 경우들이 생기면 다주택자들은 불편한 상황에 놓이게 됩니다. 각각의 경우들은 중요도가 달라서 향후 시장에 미치는 영향에 차이가 있기 때문에 이들이 시장에 미치는 영향을 세부적으로 살펴보겠습니다.

양도세가 오르는 상황

정부에서 일반적으로 부동산 규제를 할 때 우선적으로 시행하는 제도가 양도세 중과입니다. 초반에는 규제가 강하지 않다가 점점 강해진다는 측면에서 보면, 규제 초반에 나오는 양도세는 사실 매도자에게 큰 불편함을 주지는 않는다고 볼 수 있는데 그 이유는 양도세가 매도금액에서 매수금액의 차액, 즉 양도차액에 대해 내는 것이기 때문입니다.

양도차액의 의미는 무엇인가 남아야 남는 것 중에서 일부를 내는 것이고 남지 않으면 안 내는 것이기 때문에, 양도세를 낸다는 의미는 무엇인가 남았다는 뜻이기도 합니다.

결국 양도세 중과는 다주택자들에게 여러 불편한 요소 중에 하나는 되겠지만, 남는 것 중에 일부를 내는 중과정책으로 인해 물건을 매도해야 한다고 긴장감을 느끼는 경우는 그렇게 많지 않다고 볼 수 있습니다.

금리가 오르는 상황

금리가 오르는 상황은 지금 시점에서는 2가지 측면에서 살펴봐야 합니다.

하나는 저금리 기조가 오랜 기간 유지되던 상황에서 금리추세가 상승으로 이제 막 전환했다는 측면에서 보면 금리 자체는 아직까지 부담스러운 정도는 아니라고 볼 수도 있습니다. 하지만 만약에 저금리 기조를 오랫 동안 거치면서 여기저기서 대출을 받아놓은 상황이라면 최근의 금리인상이 시작임에도 부담스러운 상황이 될 수 있습니다. 즉, 개인의 채무 상황에 따라 달라질 수 있습니다.

양도세와 금리

양도세와 금리, 이 2가지는 묶어서 살펴볼 필요가 있습니다. 왜냐하면 양도세라는 것이 양도차익, 즉 번 돈을 가지고 내는 것이기 때문에 세금이 많다고 해도 결국 번 것 중에 일부를 내는 것이고, 금리의 경우도 오르는 것이 불편한 상황인 것은 분명하지만 저금리 기조가 유지되고 있는 상황에서 당장 불편할 만큼의 금리가 빠른 속도로 오르는 것은 아니기 때문입니다.

양도세가 아무리 높아도 은행에 넣어두는 금리 이상의 수익을 준다면 다주택자는 매물을 내놓지 않을 것이며, 아직까지 금리상으로만 본다면 다주택자에게 크게 어필할 수 있는 예금금리는 아니기 때문에 금리 또한 다주택자에게 영향을 직접적으로 줄 수 있는 시점은 아닙니다. 특히 상승장에서 양도세 중과나 미미한 금리인상은 다주택자들이 매도할 필연적인 조건이 아니며, 이는 보유세 인상도 같은 맥락에서 볼 수 있습니다.

보유세가 오르는 상황

상승장에서는 1년에 한 번 내는 보유세가 무서워서 집을 팔지는 않습니다. 한 달이면 1억이 오르는데 1년에 몇 십만 원에서 몇 백만 원 정도 더 내는 보유세가 두려워서 매도를 결정하지는 않기 때문입니다. 단지 이런 정책들은 각각 하나의 이유로 시장의 상승을 저지하기는 힘들지만 모이고 쌓여서 분위기를 만들고 상승했던 시장이 정지하거나 멈추게 되면, 그 다음에는 각각의 개별 요소들 하나하나가 시장을 끌어내리기에는 훌륭한 재료들이 된다는 것을 잊어서는 안 됩니다.

 ## 다주택자의 매도 결심 시기

다주택자 내지는 여러 개의 분양권 소유자들이 상승장에서 결국 매도를 결심하는 것은 아무래도 위에서 언급한 세 가지 조건보다는 뒤에 있는 세 가지 조건에 무너질 가능성이 크다고 볼 수 있습니다.

특히 전세를 끼고 매입한 다주택자의 경우 전세가격이 하락해서 세입자 만기가 돌아오는 때마다 돈을 내줘야 하는 상황이 생긴다거나 분양권의 경우 입주시점에 전세가격이 원하던 가격에 못 미치게 되는 상황이 오면 정신적으로 무너질 수밖에 없습니다.

특히 입주 분양권의 경우 소유주들이 대부분 프리미엄을 보면서 10%의 자금만으로 매수했기 때문에 자금을 추가로 투입할 수 있는 여력이 제한적일 수밖에 없고, 더구나 잔금 대출이 정부 규제로 묶여 있는 상황에서 전세입자를 못 구하거나 전세금이 낮아지는 현실은 치명적일 수밖에 없습니다.

그래서 향후 다주택자들이 물건을 내놓느냐, 내놓지 않느냐의 행보는 향후 전세나 월세 등의 임대시장의 추이나 가격이 중요한 영향을 미친다고 볼 수 있습니다.

　이제부터 임대시장 중에서도 직접적인 영향을 미칠 수 있는 향후 전세가격의 움직임을 예상해 보겠습니다.

다주택자들의 아킬레스건 임대시장

그동안 전세가격지수는 매매가격보다 더 탄탄한 상승세를 끌어왔다고 볼 수 있습니다. 매매가격이 마이너스였을 때에도 전세는 상승세였고, 언제나 매매가격보다 높은 상승률을 이끌어 왔기 때문입니다.

그렇게 탄탄하던 전세상승률이 천천히 그리고 조금씩 이상조짐을 보이기 시작했는데, 전국 수치로 보면 지속적으로 매매가격 상승률을 윗돌기만 하던 전세가격 상승률이 2016년 중반부터 매매가격 상승률에 수렴해서 같은 라인을 형성하며 1년 정도 같이 움직이더니 드디어 2017년 중반 이후부터는 매매가격 상승률을 하회하기 시작했으며, 2017년 말부터는 전국 지표의 전세가격 상승률이 마이너스로 돌아서기 시작했습니다.

이 내용을 좀 더 세부적인 2가지 전세 관련 지표로 살펴볼 수 있는데, 하나는 전세가율이고, 다른 하나는 전국의 전세수급지수 추이입니다.

 ## 전세가율

먼저 전세가율을 보겠습니다. 전세가율이란 매매가격 대비 전세가의 비율(전세가격/매매가격×100)로 전세가격이 높을수록 수치가 높아지는 지표입니다.

전세가율이 높다는 의미는 매매가격에 비해 전세가격이 높으니 전세를 끼고 갭투자를 할 경우 돈이 별로 안 들어간다는 의미이고, 전세가율이 낮다는 것은 전세가격이 낮으니 상대적으로 투자할 돈이 많이 들어간다는 뜻입니다. 즉 투자 입장에서 보면 전세가율이 높을수록 들어가는 돈이 적기 때문에 부담없이 투자할 수 있습니다.

서울의 아파트 매매가 대비 전세가율은 박근혜 정부 당시 최경환 경제팀의 부동산 경기부양책에 힘입어, 2015년 7월 처음으로 70% 선을 넘어선 뒤 계속 상승하여 2016년 6월에는 75.1%까지 올랐습니다. 평균 75.1이니 상대적으로 실수요가 많은 지역인 마포, 서대문, 노원 등의 전세가율은 80%를 넘길 정도로 치솟기도 했습니다.

이렇게 단기에 급등한 전세가율은 전세를 끼고 아파트를 매매해 자본차익을 노리는 갭투자를 탄생시켰으며, 이 전세가율이 2016년 6

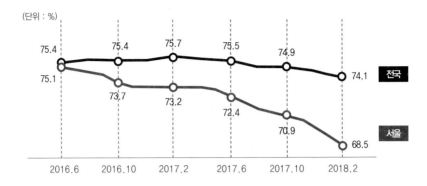

(단위 : %)

75.4
75.1

75.4

75.7

75.5

74.9

74.1 전국

73.7

73.2

72.4

70.9

68.5 서울

2016.6   2016.10   2017.2   2017.6   2017.10   2018.2

월 75.1%로 꼭지를 찍은 이후 계속 하락해서 2016년 말에는 73.2%
로 내려앉았고, 2017년에도 꾸준히 하락하여 2018년 2월에는 70%
가 붕괴되며 68.5%를 기록했습니다.

또한 최근 전세 안정세를 보면, 정부의 잇단 부동산 규제정책에 힘
입어 이런 추세가 유지될 것이라는 관측이 우세합니다.

전세가율이 낮아지는 것에는 2가지 이유가 있을 수 있습니다.

하나는 매매가격은 가만히 있는데 전세가격이 낮아지는 경우, 또
다른 하나는 전세가격은 가만히 있는데 매매가격이 높아지는 경우입
니다. 그리고 이 2가지 현상이 동시에 생기면 전세가율은 급격히 내
려앉게 됩니다.

이 2가지가 원인은 다르지만 원인과 상관없이 같은 결과를 이끌어
낼 수밖에 없는데, 전세가율이 낮아지고 있다는 의미는 갭투자자의
투자금이 증가하여 점점 갭투자 여건이 어려워지는 결과를 낳게 됩

니다.

서울의 전세가율이 낮아지는 이유는 아직까지는 실제로 전세가격이 낮아졌다기보다는 매매가격이 상승함으로써 전세가율이 낮아졌다고 볼 수 있는데, 분명한 것은 이 시기에 서울 전세가격도 상승을 멈췄기 때문에 전세가율이 낮아지고 있다는 점은 놓치지 않아야 합니다.

매매가격과 동시에 전세가격이 상승하고 있다면 최소한 전세가율이 낮아지지는 않을 테니 말입니다.

 ## 전세수급지수 추이

이제 또 하나의 전세 관련 지표인 전세수급지수 추이를 살펴보겠습니다.

전세수급지수는 전세의 수요대비 공급수준을 나타내는 지표로서, 200에 가까울수록 공급이 부족하고 0에 가까울수록 수요가 부족하다는 의미이며, 0에서 200의 범위에서 100은 수요와 공급이 균형을 이루는 지표입니다.

KB국민은행의 주간 주택시장동향 자료에 따르면, 전국 전세수급지수는 2017년 11월 6일 기준 125.7로 집계돼, 약 8년 9개월 만에 가장 낮은 수치를 기록하고 있습니다.

서울의 전세수급지수는 2013년 9월과 2015년 3월 각각 196.9와

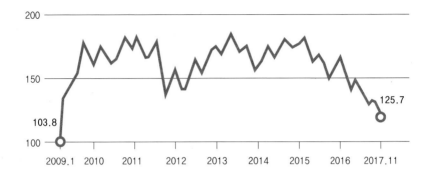

195.7을 기록하며 최고 수치인 200에 육박했으며, 그 의미는 당시에 전세가 절대적인 공급부족에 시달렸다고 볼 수 있습니다. 하지만 그 이후 전세수급지수는 등락은 있었지만 꾸준히 하락하며 전국의 전세수급지수보다는 높지만 추세로 보면 전국과 크게 다르지 않은 흐름을 나타내고 있다고 볼 수 있습니다.

수치가 100을 넘는다는 점에서 아직까지 공급이 부족하다는 의미이기는 하지만, 추세선으로 보면 전세의 공급부족이 시간을 두고 꾸준히 해결국면으로 가는 길목에 있다고 해석할 수 있습니다.

전세 수요가 많은 서울은 전국 평균보다 높은 수치이기는 하지만 추세선이 비슷하기 때문에 정도의 차이만 있을 뿐 예외가 될 수 없음을 의미합니다.

결론적으로 전세가율과 전세수급지수 추이의 2가지 지표가 의미하는 바를 입주물량과 맞물러서 보면 입주기 늘어남에 따라 전세가

점차 안정세를 보이고 있으며, 향후 입주물량의 추이로 봐서 이 안정세는 점점 두드러지게 나타날 것이며, 지난 몇 년간의 공급규모로 보면 공급부족이 아니라 공급과잉으로 나타날 수 있습니다.

 부산·서울 전세수급지수 추이

불과 1년 전까지 분양시장에서 수백대 일의 경쟁률을 기록하며 완판 사례를 기록하던 경기도와 부산의 전세공급지수를 보면 특이한 점이 있습니다. 한 번 떨어지기 시작하면 그 폭이 한 주가 다를 정도로 큰 폭으로 조정을 받는다는 것입니다.

경기도의 경우 입주물량 과잉이 2018년~2020년까지 지속된다는 점에서 역전세난은 이제 시작이며, 부산은 지난 13년 동안 전세수급지수가 서울보다 더 안정세를 기록했음을 알 수 있습니다. 심지어 2008년 서프라임 모기지 때 서울의 전세수급지수가 3분의 1 토막이 날 때도 건재함을 과시했던 부산이 2017년 초반부터 전세수급지수가 급격히 하락하는 것을 볼 수 있는데, 당시 부동산에 특별한 외부적 이슈가 없었던 것을 생각하면 공급증가, 수요감소 말고는 다른 이유를 찾아볼 수가 없습니다.

서울도 이런 추세선의 변화가 이미 지방에서 수도권으로, 그리고 서울로 번지고 있음을 인지해야 합니다.

이상에서 살펴본 전세에 대한 지표를 가지고 향후 서울 부동산 시

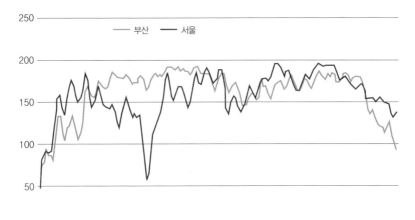

자료 : KB부동산

장의 키를 쥐고 있는 다주택자의 이야기로 다시 돌아가 보겠습니다.

 다주택자에게 보내는 경고 시그널

서울도 전세가율이 낮아지면서 갭투자자가 접근할 수 있는 조건에서 점점 멀어지고 있습니다. 이 말은 부동산 매수 수요기반이 점차 약해지고 있다는 의미입니다.

또한 전세수급지수에서 보듯이 아직 수치가 100을 넘기 때문에 피부로 느끼지는 못하지만 공급부족 추이가 꾸준히 해소되고 있고, 재건축과 재개발 등으로 이주했던 입주물량이 점차 돌아오고 있다는 점에서 전세가격의 조정은 필연적이며, 다주택자들은 소유하고 있는 집들의 전세 만기가 돌아올 때마다 돈을 돌려줘야 하는 괴로운 상황이 발생하게 됩니다.

특히 어떤 단지이든 입주시점에는 일시적인 공급으로 인해 예외 없이 전세가격이 하락한다는 점을 생각하면, 분양권 소유자들은 예상하던 전세가격을 받지 못함으로 인해 자금에 문제가 생길 가능성이 커졌습니다. 분양권 투자자는 앞으로 특히 신경을 써야 하는 것이 입주시점에 전세가격 하락 내지는 세입자를 못 구하는 상황으로 인해 잔금을 못 내게 되는 경우에 대한 대비가 필요합니다.

잔금을 못 내게 되면 계약금 이외 집값의 90%에 해당하는 금액에 대해 연이율 10%에 달하는 연체이자를 내야 하는데, 과거에는 대출로 잔금을 막을 수 있었지만 지금은 대출이 막혀서 잔금대출이 안 된다는 점을 인식하고 미리 준비해야 합니다.

갭투자자의 경우는 보유하고 있는 여러 주택에서 전세금이 하락하거나 시장이 상승을 멈추게 되면, 그동안 별 것 아닌 것으로 보였던 양도세 중과세나 금리인상, 보유세 인상 등 시장을 누르는 정책이 뒤늦게 크게 느껴지면서 지금처럼 매물이 안 나오는 상황과는 180도 다른 상황이 연출될 수 있기에 이 역시 주의와 대비가 필요합니다.

특히 이번 9·13대책으로 인해 전세가격이 2년 전보다 낮아지게 되면 집담보 대출로 전세금을 돌려줄 수 있는 방법이 원천 차단되었다는 점 또한 이번 시장을 읽는 키워드가 될 것입니다.

　정부는 기본적인 정책이나 방향을 발표할 때 분명한 메시지보다는 중립적이고 원론적인 언급만 되풀이 하는 것에 비해서, 최근에 부동산 시장에 있는 다주택자에 대한 경고는 직접적이고 강한 어조로 일관되게 했다는 점에서 정부의 논조를 심각하게 봐야 하며, 다주택자들이 버틸 수 있는 한계는 시간의 문제일 뿐 버틸수록 고통만 증가할 것입니다.

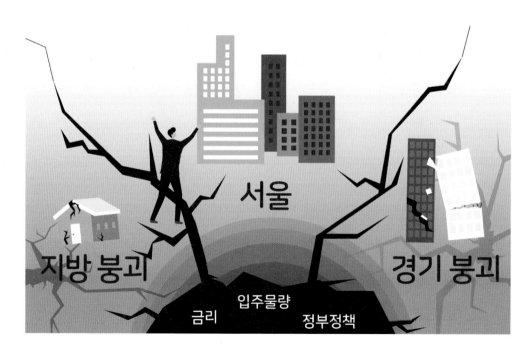

급증하는 전세보증보험 가입

전세가율(전세가율＝전세가/매매가×100)이 떨어진다는 말은 세입자의 입장에서 보면 전세금이 지켜질 확률이 크다는 의미입니다. 매매가격 대비 전세가격의 비율이 낮아진다는 뜻이기 때문입니다.

서울 지역 아파트 전세가율 추이

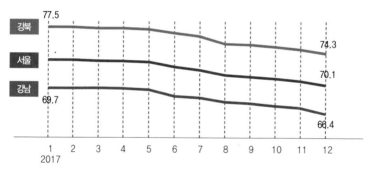

(단위 : %)

강북 77.5 → 74.3
서울 → 70.1
강남 69.7 → 66.4

1 2 3 4 5 6 7 8 9 10 11 12
2017

그런데 아이러니하게도 최근 매매가격이 올라가면서 전세가율이 낮아지면 전세보증금이 더 안전해지는데도 전세보증보험 가입이 급증한다는 기사들이 속출하고 있습니다.

매매가격 대비 전세가격이 낮아지는데 왜 전세보증보험 가입이 급증하는 것일까요?

이 원인은 대부분의 사람들이 상승하는 매매가격을 보면서도 매매가격을 믿지 못한다는 의미의 반증이기도 합니다.

> "세입자들 전세보증보험 가입 급증"
>
> "입주폭탄으로 '깡통 전세' 될까 무섭다"

전세가율이 떨어지는 것은 소폭이지만 매매가격이 떨어지게 되면 크게 떨어질지도 모른다는 두려움이 전세보증보험 가입을 하게 만드는 것입니다.

시장이 상투국면에 진입하면 어느 것 하나 믿을 수 없게 됩니다. 다들 보고 싶은 것만 보거나 의도가 있기 때문에 객관적이고 보편적인 시각을 갖기가 어렵습니다.

하지만 이런 기사들의 의미를 잘 곱씹어 보면 부동산 시장의 큰 흐름은 시간의 차이는 있겠지만 대중의 의도대로 흘러가게 되는 경우가 대부분입니다.

3장

부동산에
영향을 미치는 요소들

부동산에 영향을 미치는
여러 가지 요소들

　우리가 경제 관련 공부를 하는 것은 대부분 미래에 대한 궁금증 때문입니다.

　과거의 경험을 통해 특정한 항목의 방향성을 인지하고, 현재의 결과를 바탕으로 추세를 미리 예측함으로써 원하는 목적을 달성하기 위해서라고 할 수 있는데, 예측을 위해서 필요한 항목들을 만들고, 각종 지표를 넣어봄으로써 그 결과값을 얻어내고자 하는 것이 공부의 목적이라 할 수 있습니다.

　부동산의 경우도 크게 다르지 않아서 부동산에 영향을 미치는 여러 가지 요소들의 항목을 만들고 수치를 넣어봄으로써 각 지표들의 결과값을 종합적으로 판단하여 향후 방향성을 예상해 볼 수 있습니다.

부동산 시장에 영향을 미치는 요소로는 직접적인 요소와 간접적인 요소가 있습니다.

직접적인 요소로는 1. 경제, 2. 금리, 3. 수요와 공급, 4. 정부정책이 있을 수 있고, 간접적인 요소로는 1. 인플레이션, 2. 자금의 유동성, 3. 부동산 심리, 4. IMF, 서브프라임 모기지, 통일 등 기타 예상할 수 없는 변수들이 있습니다.

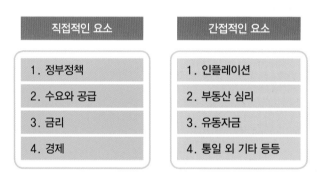

먼저 간접적인 요인들에 대해서 살펴보겠습니다.

 ## 부동산에 영향을 미치는 간접적인 요인

간접적인 요인 중 인플레이션의 경우에, 부동산은 장기적으로는 인플레이션의 영향을 받는다고 할 수 있습니다. 하지만 단기적으로 그리고 통상적으로 일어나는 인플레이션은 부동산에 영향을 미치는 주요 요소로 보기에는 설득력이 약하다고 할 수 있습니다. 또한 급격한 인플레이션이 일어나는 경우 부동산에 미치는 영향은 크겠지만, 이런 경우는 미리 예측할 수 없는 범위라는 점에서 인플레이션의 동향에 대해 별도로 설명하지는 않으려고 합니다.

다음으로 간접적인 요소인 부동산 심리와 유동자금은 두 개를 하나로 묶어서 볼 필요가 있습니다.

마음이 움직이는 심리적 요소에 유동성이 따라가는 현상이 생기기 때문인데, 상승기에는 심리에 따른 유동성이 우르르 몰려가면서 "이렇게 매수세가 강한데 조정이 와 봐야 얼마나 오겠어?"라고 생각하지만 막상 조정기가 되면 그 많던 매수자가 다 어디로 갔는지 한꺼번에 등을 돌리는 경우가 많습니다. 이처럼 심리적인 측면에서 보면 수치로 객관화하거나 지표화하기 어렵기 때문에 부동산에 영향을 미치는 중요한 요소는 분명하지만, 그 변화가 일관되지 않다는 측면에서 미래를 예측하는 지표로 사용하기는 어려워 보입니다.

화장실 들어갈 때와 나올 때의 변화하는 내 마음도 읽기가 어려운데, 다른 사람의 마음을 수치로 지표화한다는 것이 어쩌면 처음부터 되지도 않을 얘기였을 것 같습니다.

마지막으로 IMF나 서브프라임 모기지, 통일 기타 등등의 생각하지 못한 변수들 역시 부동산에 많은 영향을 미치겠지만 예측의 범주가 아니라 예언의 범주로 시점을 알 수 없기 때문에, 직접적인 부동산의 향후 방향성의 객관화된 지표로 사용하기는 어렵다는 결론을 내릴 수 있습니다.

이처럼 부동산 시장에 영향을 미치는 간접적인 요소로는 이런 것들이 있다고 이해하는 수준으로 넘어가고, 직접적으로 영향을 미칠 수 있는 4대 요인에 대해서 하나하나 살펴보기로 하겠습니다.

최근 이런 질문을 받았습니다.

"지난 몇 년간의 상승으로 최근 부동산 가격에 대해 주의와 경고가 꾸준히 나오고 있는 반면 양극화 지속에 대한 의견이 나이대별로 갈리는 이유가 무엇일까?" 하는 질문입니다.

전반적으로 주의를 해야 한다는 나이대는 50대 이상에서 나오는 반면, 양극화 지속에 대한 기대감은 50대 이하에서 나오는 현상이 두드러지고 있다고 하는데 그 이유가 무엇일까요?

양극화에 대한 세대별 인식차

처음에는 양극화 지속에 대한 의견이 상대적으로 젊은 층이 많은 것은 아무래도 '젊음'이 투자에 공격적인 성향으로 나타나기 때문이고, 나이가 들수록 방어적이고 보수적일 수밖에 없는 투자성향의 차이라고 생각했습니다. 그런데 아무래도 질문이 마음에 걸려서 곰곰이 생각해 보니 조금 다른 결론이 나오더군요.

그것은 바로 50대 이상은 IMF나 서브프라임 모기지 등 수요와 공급이 일시적으로 엎어지는 일들을 겪으면서 부동산 시장이 꺾일 때 얼마나 냉정하게 꺾이는지에 대한 경험이 적어도 한 번씩은 있지만, 40대만 해도 지금으로부터 10년 전인 서브프라임 모기지 때만 해도 부동산을 매수할 여력이 없었을 것이기에 한 번도 부동산 시장이 조정되는 것을 겪어보지 못한 세대이기 때문일 것이라는 것이었습니다.

　이런 경험이 없는 젊은 층일수록 올해의 상승폭이 크면 하락도 클 수 있다고 생각하는 것이 아니라 상승폭이 크기 때문에 꺾이더라도 조금 꺾이다가 다시 상승할 것이라는 생각에 양극화 내지는 지속적인 상승에 무게를 둔다는 결론에 도달했습니다.

　'산이 깊으면 골이 깊다'는 옛말이 생각나는 요즘입니다.

부동산도
산이 높으면 골이 깊다.

부동산 시장에 영향을 미치는
직접 요소 – 경제

이제 향후 부동산 시장을 예측해 볼 수 있는 4대 요건 경제, 금리, 수요와 공급, 부동산 대책에 대해서 하나씩 살펴보겠습니다.

 한국 경제의 위기

2018년 초 한국은행의 경제성장률 목표는 2.9%였지만 결국 2.7% 달성하는 데 그쳤습니다. 특히 3, 4분기에 투자가 위축되면서 소비심리가 살아나고 있지 않고 내수시장은 더 위축되는 모습을 보이고 있으며, 최저임금의 가파른 상승으로 자영업의 위기가 현실화되며 임

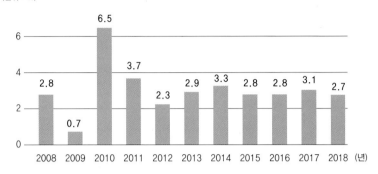

(단위 : %)

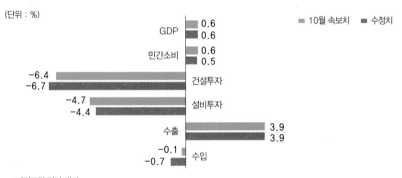

(단위 : %)

※ 계절조정 전기 대비
자료 : 한국은행

차인의 고통이 임대인에게로 전이되고 있다는 점에서 부동산에도 직접적인 영향이 미칠 것으로 생각됩니다.

여기에 미중 무역전쟁의 영향으로 주가는 2018년 초 대비 25% 가량 주저앉으며 불안한 모습을 보이고 있습니다.

다행이라면 아직까지 수출이 호조세를 보이고 있지만 이마저도 반도체 비중이 지나치게 높아서, 앞으로 3년 내지 4년 후에는 반도체 호황을 장담 못하기 때문에 새로운 주력산업의 성장동력을 찾아야 한다는 이주열 한은총재의 한마디가 우리 경제의 현실을 말해주고 있습니다.

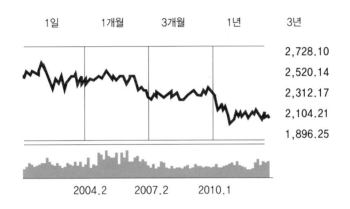

전체 수출에서 반도체가 차지하는 비중

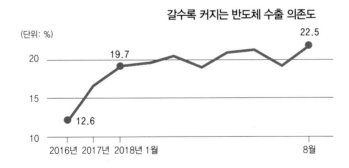

갈수록 커지는 반도체 수출 의존도

자료 : 산업통상자원부

예측과 예언

예측은 객관적인 데이터나 신뢰할 만한 수치를 기본으로 하지만, 예언은 믿음의 영역입니다. 그래서 예측에서 많은 자료를 제공하는 이유는 자료에서 각각의 의미를 찾아서 종합적으로 판단해 결정하라는 의도이지만, 예언은 자료를 바탕으로 하는 것이 아니라 영감이나 느낌을 기반으로 합니다.

자료와 수치를 기반으로 한 예측이 깨질 때는 데이터의 문제가 아니라면

특별한 돌발변수의 등장 내지는 시장의 비이성성에 염두를 둬야 하며, 이는 결국 시간이 지나면 이성에 수렴하게 됩니다.

하지만 예언이 깨질 때는 믿음의 영역이기 때문에 다른 이를 원망하는 일 외에는 할 수 있는 것이 없으며 시간이 지나도 이성에 수렴하지 않는다는 차이점이 있습니다.

예측은 자신의 선택에 따른 책임 있는 자존감의 영역이지만, 예언은 다른 이의 선택에 올라탔기 때문에 자아를 찾아보기 쉽지 않습니다.

이 2가지를 혼동하지 않았으면 합니다.

지금 여러분이 원하는 것은 예측입니까, 예언입니까?

부동산 시장에 영향을 미치는
직접 요소 - 금리

　미국은 기준금리 0~0.25의 저금리 기조를 마치고 2015년 12월 금리인상을 단행한 이후 지속적으로 금리를 인상하고 있습니다. 2018년 12월 현재 2.25~2.5%로 우리나라의 기준금리 1.75%보다 0.75% 높은 상태입니다. 그리고 2019년에 2회, 2020년 1회의 금리인상을 예고하고 있습니다.

　금리와는 별개로 2017년 9월에 보유자산 축소를 시작했는데 이 의미를 잠시 살펴보겠습니다.

　미국은 2008년 금융위기 당시 경기부양을 위해 0~0.25%까지 기준금리를 낮췄습니다. 그런데도 시장이 살아나지 않습니다. 미국은 '제로 금리'에서 더 이상 금리를 낮출 수 없게 되자 양적완화 정책을 사용했습니다.

즉, 시장에서 채권을 사들이면서 돈을 풀었습니다. 시장 금리를 추가로 낮추는 것과 같은 효과를 주었고, 그 결과 2007년 8,000억 달러 수준이었던 연준의 자산이 4조 5,000억 달러까지 늘어났습니다. 이는 시장에 3조 7,000억 달러의 돈을 푼 것과 같은 효과가 생기는 것입니다.

연준에서 발표한 보유자산 축소의 의미는 기존에 했던 것과는 반대로 채권을 매각하면 시장에 풀린 돈을 회수하게 되고, 이로 인해 긴축효과를 만들게 되면 사실상의 금리인상과 같은 영향을 미치게 되는 조치입니다.

현재 미국의 금리가 한국보다 0.75 높다는 의미는 기축통화인 달러의 금리가 높다는 말로 외국인의 자본유출이 우려되는 상황이기도 합니다. 바꿔서 말하면, 앞으로 우리의 금리 추세는 상승쪽으로 방향을 잡을 수밖에 없으며, 더 이상 미국의 금리인상을 방관할 수 없는 막다른 지점에 몰려 있다는 반증이기도 합니다.

그나마 다행인 것은 미연준에서 더 이상 금리인상은 없거나 늦추겠다는 시그널을 주고 있어서, 이번 시즌의 금리인상은 거의 마무리 국면에 와 있다는 정도일 것입니다.

 가계부채

최근 세계경제 여건이 좋아짐에 따라서 역설적으로 금리인상 압력

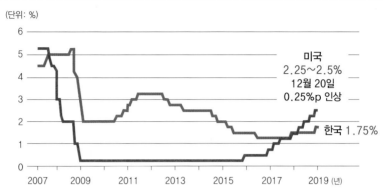

(단위: %)

미국
2.25~2.5%
12월 20일
0.25%p 인상

한국 1.75%

자료 : 한국은행, 미국 연방준비제도

은 더 강화되고 있다고 볼 수 있습니다. 이로 인해 부동산이 어떤 영향을 받게 될지를 알려면 가계부채에 대한 이해가 필요합니다.

현재의 가계부채가 많은 것인지 적은 것인지의 개념이 서지 않고서는 금리상승이 앞으로 어떤 영향을 미칠지 이해할 수 없기 때문인데, 향후 금리가 상승쪽으로 추세를 잡은 상태이기 때문에 더더욱 우리가 처한 가계부채의 현실을 똑바로 바라봐야 합니다.

가계부채는 지난 몇 년간 꾸준히 상승해서 2015년 1,100조에서 2016년에는 1,220조 그리고 2018년 1,500조를 넘어섰습니다. 시기별로 보면, 정부에서 빚내서 집을 사라고 LTV와 DTI 등의 규제가 완화된 2014년 8월 이후에는 매년 10%가 넘는 큰 폭의 가계부채 증가율을 기록하기도 했습니다.

하지만 일반인의 입장에서 보면 500조나 1,450조나 너무 큰 돈이

다 보니 감이 없어서 빚이 많은 건지 적은 건지 구분이 안 가는 것이 사실입니다.

그런데 "외국은 집값이 더 비싸다더라" 한마디면 "아! 그렇지 외국은 더 비싸데"라고 맞장구 치면서 가만히 있는 것이 중간이라도 갈 수 있는 최선의 방법이었던 것 같습니다.

가계부채에 대해 세계 여러 나라와 비교해 보면 자료에 따라서 다양한 이견이 있을 것입니다. 이 책에서는 GDP 대비 가계부채비율과 가처분소득 대비 가계부채의 2가지 관점에서 살펴보겠습니다.

 ## 가처분소득 대비 가계부채비율

다음 표를 살펴보면, 대부분의 선진국들이 빚을 줄여온 반면 우리나라는 지난 몇 년간 정부가 경기회복을 앞당기기 위해 사실상 빚을 권하는 정책을 써왔습니다.

이 때문에 주택 수요층을 자극했고, 여기에 금융위기 이후 형성된 저금리 기조로 시중 자금이 풍부해지면서 가계빚이 눈덩이처럼 불어났다는 것이 정설입니다.

OECD에 따르면, 지난해 말 기준 한국의 가처분소득 대비 가계부채비율은 2008년 말보다 42.6% 급등한 185.9%를 기록했습니다.

이 의미는 쓸 수 있는 돈보다 갚아야 할 빚이 배 가까이 된다는 말로 "정부가 빚에 보조금을 대줘 주택시장을 띄웠지만 경제활성화로

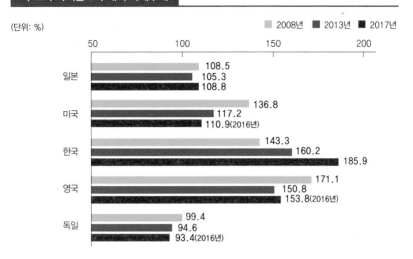

(단위: %)   ■ 2008년 ■ 2013년 ■ 2017년

일본
108.5
105.3
108.8

미국
136.8
117.2
110.9(2016년)

한국
143.3
160.2
185.9

영국
171.1
150.8
153.8(2016년)

독일
99.4
94.6
93.4(2016년)

자료 : 경제협력개발기구(OECD)

이어지지 못하고 결국 빚만 남은 상황"이라고 진단한 어느 교수님의 말씀이 기억에 남습니다.

 ## GDP 대비 가계부채비율

우리나라의 경우 2016년 말 기준으로 GDP 대비 가계부채비율이 95.2%로 부채의 위험수위인 임계치를 훌쩍 넘은 상황임을 알 수 있습니다.[임계치는 가계부채의 위험수치로 세계연구기관마다 임계치의 차이가 있기는 하지만 일반적으로 75~85%를 임계치로 보며, 세계경제포럼(WEF)은 75%(2011년)를 임계치로 보고 있습니다.]

(단위: %)

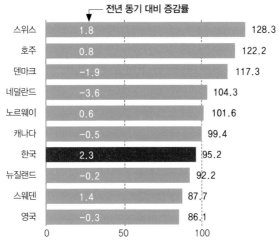

전년 동기 대비 증감률

국가	전년 동기 대비 증감률	비율
스위스	1.8	128.3
호주	0.8	122.2
덴마크	-1.9	117.3
네덜란드	-3.6	104.3
노르웨이	0.6	101.6
캐나다	-0.5	99.4
한국	2.3	95.2
뉴질랜드	-0.2	92.2
스웨덴	1.4	87.7
영국	-0.3	86.1

우리와 비슷한 순위에 있는 GDP 대비 가계부채비율이 높거나 비슷한 나라들을 보면 대부분 선진국이거나 사회보장제도가 잘되어 있는 나라임을 알 수 있습니다.

즉, 이들 나라들은 사회보장제도가 잘되어 있기 때문에 세금이 높고, 그로 인해 부채비율이 높을 수밖에 없는 상황인 반면에, 우리나라의 경우는 상대적으로 사회보장이 이들 나라보다 미흡하고 가계부채로 인한 충격이 올 때 가장 취약할 수 있다는 점을 생각하면, 국내의 가계부채비율은 단지 심각하다는 것 이상의 세계 톱클래스 수준임을 부인하기는 어려워 보입니다.

GDP 대비 가계부채비율의 상승폭은 해가 갈수록 증가하면서 2016년에는 1위 노르웨이 6.3%, 2위 중국 5.6%, 3위 한국 4.7%으로 3위를 차지했고, 2017년 6월까지 1%가 상승하면서 중국 2.4%에 이어 2위를 기록할 정도로 큰 폭의 상승세를 유지해 나가고 있는 상황입니다.

세계의 어느 나라보다도 높은 상승률을 기록하고 있는 가계부채는 향후 금리인상으로 기조를 잡은 세계적인 현상과 맞물려 우리의 부동산 시장에 전반적인 충격을 안겨줄 가능성이 커지고 있으며, 이제는 그에 대한 대비가 필요한 시기이기도 합니다.

금리인상, 준비되었습니까?

2012년 7월 12일 이후 우리나라의 기준금리는 계속해서 낮아지다가 무려 6년 만인 2017년 11월과 2018년 11월 기준금리를 0.25올리면서 1.75가 되었습니다. 이를 두고 "겨우 금리 한두 번 올려 봐야 역사적으로 보면 저점인데, 그걸 가지고 무슨 큰일이 난 것처럼 호들갑을 떠는가?" 하는 반응을 자주 접하고 있습니다. 하지만 금리인상을 주목해야 하는 이유는, 금리가 역사적인 저점으로 가는 동안 대출은 역사적으로 증가했다는 현실이 있기 때문입니다.

또한 금리인상이 일회성이 아니라 추세의 시작점이라는 것도 중요합니다. 저금리 기조에 맞춰 최대한 빌려 사용한 대출의 볼륨이 커졌기 때문에 금리가 약간만 올라도 이미 커진 부채로 인해 충격이 생길 뿐 아니라 금리인상이 추세에 있다면 감당할 수 없는 수준이 될 수 있습니다.

이미 오래 전부터 예고되고 있었고 현실화되고 있는 금리인상에 여러분은 어떤 준비를 하고 계시나요?

한국은행 기준금리 추이

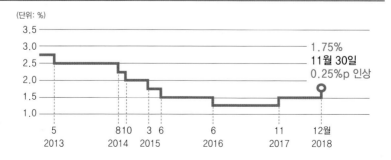

(단위: %)

1.75%
11월 30일
0.25%p 인상

부동산 시장에 영향을 미치는
직접 요소 – 수요와 공급

수요와 공급을 이해하려면, 먼저 부동산 공급이라는 것이 준비기간을 거쳐 건설되기까지 오랜 시간을 두고 일어나는 것이기 때문에 지난 몇 년간의 흐름을 이해할 필요가 있습니다.

거슬러 올라가면, 2003년에 시작된 상승국면이 정부의 지속적인 부동산 대책에도 불구하고 상승하게 되고, 2006년과 2007년에 꼭지를 찍은 이후 부동산 시장은 긴 횡보국면에 들어가게 됩니다.

2003년~2007년까지 시장이 상승하면서 꾸준히 부동산 관련 규제가 나오게 되었는데, 이후 부동산 시장은 이 시기에 나온 규제들이 하나씩 힘을 발휘하면서 시장의 침체와 함께 공급을 위축시키게 됩니다. 특히 서울 도심 안쪽에는 물량공급을 위한 유일한 방법이 재개발과 재건축이기 때문에, 이때 생겼던 몇몇 규제는 10년 이상이 지난 현재 시점까지 영향을 미치고 있습니다. 그런 면을 고려해 아파트 물량의 공급 흐름을 살펴보겠습니다.

2007년 이후 시장이 조정국면에 들어가면서 서울의 재건축 진행이 발목을 잡히게 됩니다.

이때 가장 큰 이유로 1. 용적률, 2. 초과이익환수제, 3. 부동산 시장 침체의 3가지를 들 수 있습니다.

2010년까지

용적률(260~270%)
초과이익환수제(2006년~2012년)
부동산 시장의 침체

용적률 300% 시대

 용적률

용적률은 3종 일반주거지를 기준으로 하여 법적 최대 용적률을 300%, 2종 일반주거지의 경우는 250%를 받을 수 있었지만, 서울시 조례에 의해서 3종 일반주거지의 경우 300%를 주는 것이 아니고 260%에서 270% 정도를 주었습니다.

법적으로 받을 수 있는 최대 용적률을 주지 않았다는 의미는 그 차이만큼 일반분양이 줄어들게 되고, 외부인들에게 팔아서 사업비를 메꿀 수 있는 일반분양의 숫자가 적으니, 이 부담은 고스란히 조합원들에게 전가되었으며, 결국 조합원들의 추가부담금이 늘어날 수밖에 없는 상황이 됩니다.

일반분양이 몇 개 나오지 않음으로 인해서 늘어나는 추가부담금은 부동산 시장이 보합이나 조정국면일 때 조합의 사업에 부담을 주게 되고, 결과적으로 재건축 진행이 자연스럽게 늦춰질 수밖에 없었습니다.

 ## 초과이익환수제

초과이익환수제는 재건축 조합원의 개발이익이 1인당 3,000만 원이 넘을 경우 초과 금액의 최대 50%를 부담금으로 환수하는 제도로 추진위원회 승인일로부터 준공일까지의 개발이익을 기준으로 부과하는 제도입니다.

이 제도에 대해 위헌 논란이 있으며, 특정 단지는 소송이 걸려 있기도 합니다. 초과이익환수제가 이런 논란의 중심에 서게 되는 가장 큰 문제점 하나를 예로 들어보겠습니다.

어떤 단지가 추진위 승인일 시점에 6억이었다가 재건축이 진행되는 중간에 가격이 많이 올라서 13억이 되었고, 준공시점에는 가격이 내려서 10억이 되었다고 해보겠습니다.

이 단지의 경우 개발이익은 준공시점(10억)에서 추진위 승인일 시점(6억)의 가격을 뺀 4억이 됩니다. (주변 지역의 가격상승률이나 추가로 들어간 비용 등은 개발이익에서 삭제해 주는데, 여기서는 이런 세부 조건은 빼고 큰 틀에서만 얘기하겠습니다.)

그런데 어떤 사람의 경우에는 꼭지를 찍었던 13억에 매수한 사람도 있을 수 있습니다. 이때 매수한 사람은 준공시점에는 실제로 3억의 손해를 보게 됩니다. 그럼에도 불구하고 재건축 초과이익환수제는 손해를 본 사람까지도 개발이익 4억에 대해 세금이 부과되는 제도이고, 이로 인해 미실현 수익에 대한 과세에 위헌시비가 있는 것입니다.

양도세는 아무리 높은 세율이라고 하더라도 자신이 이익을 본 부분에 대해서만 부과되는 것이라면, 재건축 초과이익환수제는 현실적으로 손해 본 사람에게도 세금이 부과될 수 있는 법이라는 점에서 기존의 과세와는 차원이 다른 무서운 법이기도 합니다.

실제로 2006년 9월~2012년 12월까지 무려 6년 3개월간 재건축 초과이익환수제가 있었던 당시에, 빌라 몇 개 단지 이외에는 단 한 개의 아파트 단지도 이 법을 넘어서서 재건축을 진행하지 못했다는 사실이 바로 그 증거이기도 하고, 결국 이후 재건축의 공급부족을 촉발시켰던 주요 원인이라는 점에서 관심 있게 봐야 할 법이기도 합니다.

 부동산 시장의 침체

재건축 진행은 원래 가격이 상승하는 시장에서 진행되는 것이 일반적입니다. 왜냐하면 '재건축 대상 아파트의 가격＋추가부담금＝새 아파트 가격'이 되는데, 일반적으로 추가부담금은 일을 진행하다 보면 자연스레 올라갈 수밖에 없기 때문에, 이에 상응해서 새 아파트 가격도 그 이상 올라갈 것으로 예상되어야지만 조합원들이 재건축 진행을 함에 있어서 사업시행인가와 관리처분 등에 도장을 찍어주기 때문입니다.

결국 부동산 시장이 침체되면 재건축 해봐야 남는 것이 없다고 생각하게 되기 때문에 재건축 진행이 자연스럽게 멈추거나 늦춰지게 됩니다.

이상에서 언급한 재건축을 방해하는 요소인 용적률의 제한, 초과이익환수제, 부동산 시장의 침체 이외에도 대책 당시 쏟아져 나온 분양가상한제 등 각종 부동산 규제로 인해 서울의 경우 대부분 단지의 재건축 진행이 멈추게 되며 암울한 시기를 2007년~2010년까지 맞이하게 됩니다.

그러던 재건축 시장에 드디어 빛이 보이는 사건이 발생했습니다.

서울의 경우 도심 안쪽의 물량을 공급할 수 있는 방법으로는 재건축·재개발이 유일한데, 그동안 각종 규제로 재건축 진행이 안 되자 고민하던 서울시에서 전체적인 수급차원에서 규제를 풀기 시작한 것입니다. 그 시작점이 2010년입니다.

서울시는 2010년에 그동안 규제하던 용적률 제한을 풀면서 법정 최고 용적률을 받을 수 있게 해주었으며, 이 사건으로 인해 재건축은 커다란 기틀을 마련하게 됩니다.

용적률을 풀어줬다는 뜻은 용적률 상승을 통해 가구수를 늘릴 수 있고, 이것은 일반분양 세대수를 늘리게 되기 때문에 조합원들의 추가부담금이 감소한다는 의미입니다.

이후 흐름을 알기 위해서는 재건축 진행과정에 대한 이해가 필요한데 잠깐 살펴보겠습니다.

재건축 진행과정은 조합설립 – 사업시행인가 – 관리처분 – 이주 – 일반분양 – 준공의 순으로 진행되며, 조합설립과 사업시행인가 사이에 건축심의를 받게 되어 있습니다.

조합설립	사업시행인가	관리처분, 이주	철거, 일반분양	준공

그런데 기존에 진행하던 재건축 단지들 중에 어떤 단지들은 건축심의, 사업시행인가, 관리처분 단계에 있거나 심지어 어떤 단지들은 이주까지 했다가 다시 끌려들어오면서 위에 언급했던 이유들로 재건축에 어려움을 겪고 있었는데, 2010년 서울시의 최대 용적률 승인으로 인해 다시 용적률을 받는 절차를 진행하게 됩니다.

그러니 기존에 받았던 각각의 절차는 모두 무시되고 조합설립 단계로 세팅되면서 아래의 그림처럼 용적률 심사부터 다시 절차를 진행하게 됩니다. 그래서 조합설립 이후에 용적률 통과 – 건축심의 – 사업시행인가 – 관리처분의 단계로 절차를 밟게 되었으며, 각각의 진행단계마다 개별 단지의 차이는 있지만 평균적으로 1년 정도 소요되었다고 볼 수 있습니다.

구조적인 문제로 재건축 진행이 어려웠던 재건축 단지들의 빗장이 2010년에 풀리자, 이때부터 선두그룹에 있던 단지들에서부터 차근차근 재건축 절차를 밟아나가게 됩니다.

또한 용적률 이외의 커다란 문제로 남아 있던 재건축 초과이익환수제를 2012년 말 유예시켰으며, 재건축 진행절차에 맞춰서 걸려 있던 부동산 규제를 하나하나 풀어주게 되고, 여기에 대출규제 완화까지 덤으로 제공되면서 진행 속도가 빨라지며 재건축 단지들의 전성기를 위한 기초를 다져나가게 됩니다.

이로 인해 전반적인 부동산 분위기가 좋아지면서 그동안 재건축을 미뤄두고 있던 단지들도 대대적으로 재건축 준비를 하게 됩니다. 이 내용을 시기별 그리고 재건축 진행단계별로 하나의 표로 요약하면 아래와 같은데 이 표를 물량의 큰 흐름에서 해석하면 다음과 같습니다.

- 2007년~2010년 : 구조적인 문제로 재건축 진행이 안 된 기간
- 2010년 : 용적률을 해결해주며 기존에 건축심의, 사업시행인가, 관리처분을 받았던 단지들이 모두 조합설립 단계로 초기화됨
- 2010년~2014년 : 단계별 진행과정
- 2014년~2016년 : 이주 및 일반분양 (일반분양은 보통 이주 후 6개월 정도 시간이 소요됩니다.)
- 2017년~ : 본격적인 입주의 시작 (서울은 2018년 하반기 이후)

결국 수요와 공급의 측면에서 보면 2007년~2010년까지는 구조적인 문제로 진행을 못했기 때문에 공급이 없었고, 2010년~2014년까지는 재건축 절차를 진행하느라 공급이 없었으며, 2014년~2016년까지는 공사를 하느라고 공급이 없었던 것입니다.

수요와 공급의 큰 흐름에서 보면, 2007년 이후 위에 언급한 이유로 공급이 없었던 상태에서 2013년 후반부터는 2010년부터 진행한 재건축의 이주까지 발생하기 시작하면서 수요와 공급의 밸런스가 완전히 깨지게 됩니다.

특히 서울의 경우 재개발과 재건축이 도심 안쪽 물량공급의 대부분이라는 점을 생각하면, 2007년 이후에 구조적인 문제로 재건축·재개발 진행이 안 돼서 공급이 없는 상태에서 이주수요까지 발생하게 된 영향이 지금까지 나타나고 있다고 볼 수 있습니다.

이런 흐름 속에서 이주한 재건축 물량들이 공사를 마치면서 2016년부터는 한 단지씩 입주를 시작하게 되고, 2017년과 2018년 이후

본격적인 입주를 시작하게 됩니다.

특히 2013년 이후 부동산 시장이 좋았다는 점을 고려하면 좋은 시장 분위기에 힘입어 강남을 비롯한 많은 단지들이 재건축을 진행하게 되었고, 2013년~2016년도가 일반분양 시장의 절정이었다면 이 때 분양한 물건들이 2017년~2021년 사이에 입주하는 시점에 와 있게 되는 것입니다.

전국에서 시작된 입주물량은 이미 영향을 미치며, 2017년 초반에는 지방의 매매가와 전세가격을 끌어내렸고, 2017년 후반에는 수도권의 전세가와 매매가격을 끌어내리기 시작한 반면, 2018년 중반까지 서울은 양극화를 외치며 가격이 오히려 뜨거웠는데, 서울도 강남의 경우 2018년 후반 이후 본격적인 공급이 도래하기 시작했으며 당

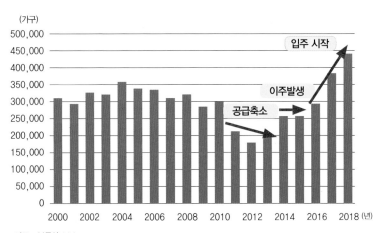

전국 아파트 입주물량 추이

자료 : 부동산 114

분간 영향을 받게 될 것입니다.

앞에서 설명한 내용을 가지고 전국 아파트 입주물량 추이를 살펴보겠습니다.

2007년 이후 여러 가지 구조적인 문제로 진행이 안 된 공급은 2010년 이후 실제 물량으로 나타나기 시작하면서 공급이 줄어들기 시작합니다.

2012년과 2013년까지 최저점을 찍으면서 공급은 20만 호 이하로 줄게 되고, 공급이 줄어든 상태에서 재개발·재건축이 있는 단지에서는 이주까지 발생하면서 수요와 공급의 균형이 무너지며 전세가격 폭등, 매매가격 상승으로 이어지게 됩니다.

이후 신도시부터 입주물량이 발생하게 되고, 2014년 공급은 회복국면을 보이고 있으며, 2016년 이후에는 이주했던 재건축·재개발 단지들의 입주가 돌아오며 물량이 확연한 회복국면으로 접어들게 됩

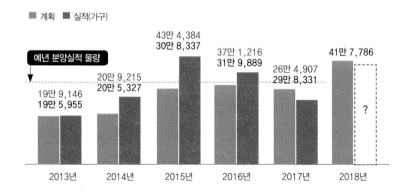

연간 민영아파트 계획물량 대비 분양실적 물량

제3장 부동산에 영향을 미치는 요소들 **149**

니다.

더불어 2013년부터 지속적인 부동산 호황으로 인해 이때 준비한 건설사의 공급물량이 증가하면서 과잉국면으로 넘어가고, 2017년에는 38만 가구가 입주했으며, 2018년에는 44만 가구, 그리고 2019년에는 41만 가구의 입주가 예정되어 있습니다.

더불어 향후 입주물량 지표라고 할 수 있는 분양물량의 경우에 2017년에는 주춤했다가 2018년에는 다시 늘고 있습니다. 2018년의 분양물량이 이렇게 늘고 있는 것은 2020년과 2021년에도 입주물량이 만만치 않다는 것을 의미합니다. 이는 2017년부터 시작되는 입주물량의 행렬이 적어도 2020년 내지는 그 이후까지 계속 진행될 것임을 예고하는 예고편이기도 합니다.

부동산 시장에 영향을 미치는 직접 요소 - 정부규제

정부규제에 대해서 언론은 특정 시점에서의 성공이나 실패 여부로 상황을 규정하려는 기사들을 내보내곤 합니다. '정부의 부동산 정책으로 오히려 강남집값 급등'이나 '부동산 대책 무용론' 같은 내용들이 대표적인 기사인데, 정부규제는 일회성으로 특정 시점에서 성공과 실패 여부를 판단해서는 안 됩니다.

왜냐하면 정부규제는 일시적으로 작용하는 것이 아니고 한 번 생기면 장기적으로 꾸준히 시장에 영향을 미치기 때문입니다.

쉬운 예로 정부규제는 수영하는 사람에게 모래주머니를 채우는 일이라고 가정할 수 있습니다. 사람마다 체력이 달라서 어떤 사람은 모래주머니 몇 개를 채우면 더 이상 수영을 못하는 사람도 있지만 어떤

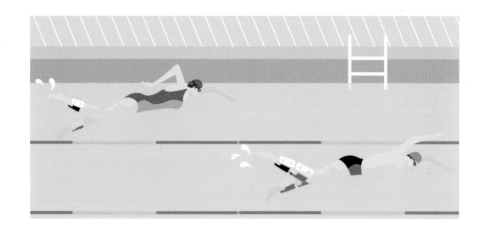

사람은 모래주머니를 여러 개 달아도 꾸준히 수영할 수 있는 사람이 있습니다.

이때 어떤 사람이 모래주머니를 달았음에도 계속 수영을 한다고 해서 모래주머니가 제 기능을 못한다고 단언해서는 안 된다는 것입니다.

정부규제가 계속된다는 의미는 모래주머니를 하나씩 추가하면서 계속 채우는 일이 될 것이고, 그래서 일정 시점에 모래주머니를 차고도 더 가는 체력 좋은 사람이 있을 수 있지만, 결국 계속된 모래주머니 채우기는 체력을 방전시키게 될 것이고, 어느 순간 체력이 떨어지면 그동안에 하나씩 덧씌워져 차게 된 모래주머니 무게만큼이나 빠르게 가라앉게 되는 것이 정부의 정책입니다.

정부정책이 가벼울 때는 별 것 아닐 수도 있지만 정부가 직접적으로 경고를 날리면서 개입할 때부터는 설령 시장이 정부정책을 뚫는

듯이 보인다고 해도 그 무게감이 지속적으로 더해진다는 점을 인식해야 합니다. 언론이나 전문가들이 말하는 정부정책의 실패로 인식하게 되면 언제나 시장주기의 흐름상 가장 높은 가격의 매수자가 되곤 합니다.

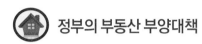 정부의 부동산 부양대책

이제 정부의 부동산 정책에 대해 본격적으로 그리고 세부적으로 알아보겠습니다.

수요와 공급에서 잠깐 설명했지만 2007년 꼭지를 찍은 이후 여러 가지 이유로 재건축 진행이 지지부진하자, 정부에서는 서울 시내의 물량공급을 위해 2010년 최대 용적률을 허용한 이후 일관되게 부동산 활성화 대책을 내놓았습니다.

2011년에는 투기과열지구를 해제함으로써 재건축 조합설립 이후의 조합원 승계를 자유롭게 해서 매수를 받쳐줄 수 있는 매수자의 폭을 넓혔으며, 2012년에는 재건축 진행의 대못으로 평가받는 재건축 초과이익환수제를 유예시킴으로써 재건축 전성시대를 열게 되었습니다.

전체적으로 보면 2010년~2015년까지 정부는 줄곧 부동산 활성화 대책을 일관되게 내놓았습니다. 이를 세부적으로 보면, 2010년 3종 일반주거지 기준 최대 용적률 300%를 허용함으로써 재건축의 가장

큰 난제를 해결해주었고, 2011년 투기과열지구 해제로 조합원 명의
승계가 가능하게 함으로써 매수를 받쳐줄 매수자의 폭을 넓혔으며,
2012년 재건축 초과이익환수제를 유예시킴으로서 재건축 전성시대
를 열게 되었습니다.

이어서 2013년에는 다주택자의 양도세 중과세를 폐지하여 일반과
세로 양도세 부담을 줄여주었고, 분양하는 물건에 대해 양도세를 한
시적으로 면제하여 분양을 활성화시키기에 이릅니다.

2014년에는 재건축 초과이익환수제를 다시 3년 유예시켰으며,
DTI와 LTV를 완화시켜 빚을 내서 집을 살 수 있는 구조를 만들었고,
재건축 연한을 40년에서 30년으로 축소시키게 됩니다.

2015년에는 일반분양 활성화를 위해 1순위를 2년에서 1년으로 줄
이면서 청약할 수 있는 1순위 숫자를 대폭 증가시켰으며, 전매제한
기간을 단축시켜서 전매를 자유롭게 할 수 있는 기반을 마련하였고,
분양가를 마음대로 올릴 수 있게 분양가상한제를 폐지하면서 시장
은 재건축과 일반분양을 중심으로 뜨거운 반응을 일으키게 됩니다.

2010년
최대 용적률 허용

2011년
투기과열지구 해제

2012년
초과이익환수제 유예

2013년
• 다주택자 양도세 중과 폐지
• 양도세 한시적 면제
• 주택취득세율 인하

2014년
• 금융규제완화(DTI 등)
• 초과이익환수제 유예
• 재건축 연한 40년에서 30
  년으로 축소

2015년
• 분양권 전매제한 기간 단축
• 분양가상한제 폐지
• 수도권 청약 1순위 자격완화

재건축과 부동산 정책

   정부의 부동산 부양정책을 시기적으로 재건축 진행단계와 맞춰서 보면 정부에서는 재건축 진행단계별로 걸림돌이 될 수 있는 부분들을 그 시점이 돌아오기 전에 하나씩 제거해주면서 부동산 경기를 부양했고, 상대적으로 좋지 않았던 경제여건을 부동산을 통한 건설경기 부양으로 만회하려고 했으며, 그 결과 소액으로 투자할 수 있는 일반분양의 전성기를 맞이하기 시작한 것이 2015년까지의 상황이라 할 수 있습니다.

   지난 부동산 시장의 상승과정을 정리하면 다음과 같습니다.

   1. 2007년~2013년까지 구조적인 문제로 생긴 공급부족이 있었으며, 2010년부터 시작된 재건축이 2013년도 말부터 이주까지 발생하면서 수요와 공급의 밸런스가 무너지게 되었습니다(공급부족 + 이주의 발생).

2. 이주 후에 생기는 일반분양의 경우 10% 자금만으로 소유가 가능한 특성으로 인해 일반분양 시장이 뜨겁게 반응하기 시작하면서 재건축 단지들은 프리미엄을 형성하게 됩니다.

3. 일반분양이 몇 백 대 일의 경쟁률을 형성하면서 프리미엄이 생기자 일반분양보다 동, 호수나 평수가 좋은 조합원 물건들의 가격이 청약과 동시에 올랐으며, 분양가상한제가 폐지된 상태에서 다음에 나오는 단지의 일반분양은 다시 가격을 올리면서 서로 치고 받으며 가격을 끌어올렸습니다.

4. 이로 인해 재건축과 상관없이 일반분양이 많이 있는 인근지역의 기존 아파트 가격이 상승했으며,

5. 재건축 진행 속도와 상관없는 주요 지역 및 대단지 아파트 가격이 상승하는 과정으로 부동산 시장은 흘러가게 됩니다.

2010년~2015년까지 정부의 일관된 부동산 부양책에 의해 시장은 막대한 가계부채를 일으키며 결국 과열양상으로 치닫게 되고, 드디어 정부에서는 2015년 12월을 기점으로 마음을 바꾸면서 길고 긴 5년간의 부양책에 마침표를 찍게 됩니다.

일반분양의 특징

일반분양이 강남권에 처음 나왔을 때 조합원 물건보다는 일반분양을 많이 추천했었는데 당시에도 일부에서 비난을 들었던 기억이 납니다.

"일반분양은 조합원들이 가져가고 남은 물건이기 때문에 향이나 층이 안 좋은 물건만 있는데 왜 당신은 일반분양만 줄기차게 추천하는가?", 라는 의견들이었습니다.

일반분양은 10%의 계약금만 있으면 3개월 내지 4개월마다 나눠서 내는 중도금 60%는 대출로 전환이 되고, 잔금은 입주시점에 잔금 대출 내지는 전세금으로 전환할 수 있다는 강점이 있기 때문에, 전체 금액의 10% 자금만으로 특정한 물건을 소유할 수 있다는 것에 대한 인식이 부족한 시기였기 때문인 것으로 생각됩니다.

결국 물건이 10억이라도 해도 1억이면 내가 소유 가능하다는 사실은 상승기에 10억을 기준으로 오른다는 점에서 보면, 투자수익률에 있어서 전체 물건가격의 상당부분 자금이 들어가야 하는 조합원 물건과는 비교도 안 될 뿐 아니라 이런 자금 효율성은 많은 매수자들이 뒤따라올 수 있다는 점에서 조합원분보다 향이나 층이 불리함에도 불구하고 일반분양의 강점은 빛이 나게 됩니다.

하지만 냉정하게 생각해 보면, 일반분양은 주식으로 치면 결국 10배의 신용을 일으키는 것으로 상승기에는 빛이 나는 보배이지만 조정기에는 10

억을 기준으로 가격이 내린다는 점을 고려하면, 바닥이 확실하다고 판단될 때만 활용해야 하는 것이며, 조정을 앞둔 시기에 일반분양 투자는 주식보다 더 위험한 일이 될 수 있다는 것을 잊어서는 안 됩니다.

	계약금	중도금1	중도금2	중도금3	중도금4	중도금5	중도금6	잔금
일반분양	10%	10%	10%	10%	10%	10%	10%	30%

레버리지
최소노력의 법칙

올릴 때는 레버리지가 좋지만
너무 들어올리면 돌이 나한테로 굴러온다.

정부의 규제책

정부의 일관된 정책으로 부동산이 부양되며 건설경기를 견인한 것까지는 좋았지만 부동산 시장은 오랜 저금리 기조와 정부의 대출장려정책 그리고 유동자금을 바탕으로 가격이 급등하고 가계부채는 지속적으로 급증하게 됩니다.

정부에서는 늘어나는 가계부채 증가의 심각성으로 인해 5년간 지속적으로 펴왔던 부동산 부양책에 마침표를 찍고, 드디어 2015년 12월 부동산 장려정책에서 규제로 정책의 큰 전환을 맞이하게 됩니다.

부동산 정책을 규제로 전환한 정부는 2015년 12월 대출심사 강화를 시작으로 방향을 전환하게 되고, 2016년에는 7월과 10월 그리고 11·3대책에 이르기까지 3회에 걸쳐 다음과 같이 부동산 규제책을 내놓기 시작합니다.

2015년 12월 규제의 의미는 정부정책이 부동산 부양에서 규제로 커다란 행보를 바꿨다는 의미가 있으며, 이후 대책을 보면 2016년 7월에는 일반분양의 과열을 해소하기 위해 9억 이상은 중도금 대출을 금지시키고 보증건수를 축소했으며, 2016년 11·3 대책 때에는 전매제한기간을 연장하고 재당첨기간을 5년으로 늘렸으며, 청약 1순위의 조건을 강화하게 됩니다.

하지만 오히려 이때 저금리 시대에 분양권으로 고수익을 맛본 시장은 격렬하게 반응합니다.

수출마저 마이너스를 기록하며 경제사정이 좋지 않았던 때에 부동산마저 꺼뜨리면 돌파구가 없다고 생각했던 정부는 시장의 불씨를 꺼뜨릴까 싶어서 강한 대책을 내놓치 못하고 끌려 다니는 사이에, 시장은 에너지를 내세우며 반등에 성공하고, 이는 결국 시장에 내성을 키워줄 뿐 아니라 정부정책이 시장을 이기지 못한다는 오해를 심어주게 됩니다.

또한 저금리 기조와 맞물리며 갈 곳 없던 유동성이 부채와 함께 시너지를 일으키며 수익률 시장에 동참하게 되고, 이 결과는 시장 전체의 이성을 상실시키며 다주택자, 갭투자, 분양권 싹쓸이 등으로 부동산은 경제의 영역에서 신앙의 영역으로 업그레이드하게 됩니다.

2015. 12. (2016. 3월부터 시행)
- 일시상환에서 분할상환으로
- 거치기간 1년 이내로 단축 유도
- 심사기준 강화

2016.7.1.
- HUG 보증대상 9억 이하
  (9억 이상은 중도금 대출 금지)
- 대출보증 인당 2건
  (HUG/HF 각 2건)

2016. 10. 1
- 중도금 90%만 보증
- 대출보증 HUG/HF
  통합 2건
- 공급축소

2016. 11. 3
- 전매제한기간 연장
- 청약 재당첨기간 5년
- 청약 1순위 조건 강화

2016년 말부터 수출 회복세로 경제가 회복국면으로 진입하는 통계와 2017년 말까지 재건축 초과이익환수제의 부활로 인해 이를 피하고자 하는 강남권 주요 재건축 단지들의 빠른 진행은 부동산 시장의 양면성 중에서 장점만을 보기 시작하게 됩니다.

재건축 초과이익환수제를 피하는 일정이 불가능한 단지들도 모두 가능한 일정으로 보기 시작했으며, 심지어 이 규제를 피하는 것이 불가능해도 가격은 조정되지 않기 시작했습니다.

재건축 초과이익환수제와 투기과열지구 부활 및 가격상승시 줄기차게 예고되는 정부의 각종 규제와 눈앞에 다가와 있는 입주물량은 무시한 채 시장은 정부규제도 향후 공급축소로 받아들이며 이성을 잃어버리는 국면으로 진입합니다.

그 사이 정치적으로는 2017년 초 박근혜정부가 탄핵으로 조기에 물러나게 되고, 2017년 5월 문재인정부가 탄생했으며, 새정부의 철학과 이념은 가계부채와 부동산 투기를 좌시하지 않을 것임을 시작부터 지속적으로 예고해 왔습니다.

하지만 위에 언급한 것처럼 장점만 보는 시장에서 가계부채는 증가세를 높이며, 부동산은 가격이 오르는 사이에 정부는 결국 6·19대책을 발표하게 됩니다.

6·19대책은 분양권 전매기간을 소유권이전등기시까지로 늘리고 LTV와 DTI를 10%씩 강화하여 대출을 억제하였으며, 재건축 조합원의 공급수를 3채에서 2채로 줄이는 정도의 약한 대책으로 나왔습니다. 이러한 정책은 새 정부의 부동산 억제 의지가 있는가?, 라는 논란을 불러일으키며 오히려 부동산 시장에 역효과를 주게 됩니다.

시장은 대책에 아랑곳 없이 상승을 부채질하며, 결국 정부에서는 그 어느 때보다 강력하다고 할 수 있는 8·2대책이 나오기에 이릅니다.

정부의 6·19대책이 나왔을 때 모두의 반응은 "이게 뭐지" 하는 느낌이었습니다. 강남 4구의 전매가 이미 묶여 있었기에 DTI와 LTV 10% 정도 조정받는 것 외에, 한 단지에 3채를 가지고 있는 사람이 얼마나 된다고 조합원 주택공급수를 제한한다는 내용은 아무 의미 없는 대책처럼 보였습니다.

이는 정권을 잡은 지 얼마 안 된 정부의 입장에서 처음 나오는 대책을 너무 강하게 사용하기에는 부담스러웠기에 한 번의 기회를 시장에 준 것이라 할 수 있습니다. 결국 정부를 새엄마로 비유하면 새엄마의 입장에서 아이들에게 까불지 마라고 한 번의 기회를 준 것에 대해 아이들은 듣지 않고, 이 결과는 8·2대책과 그로부터 이어지는 각종

6·19 부동산 대책 주요 내용

조정 대상지역 추가 선정

경기 광명, 부산 기장, 부산진구

분양권 전매제한기간 강화

서울 전 지역 소유권이전등기시까지

맞춤형 LTV · DTI 10%씩 강화

- LTV : 70% → 60%, DTI : 60% → 50%
- 잔금대출 DTI 신규 적용
- 서민층 무주택가구 실수요자 보호차원 배려

재건축 규제 강화

조합원 주택공급수 제한(최대 3주택 → 2주택)

주택시장 질서 확립

과열지속 · 확산시 투기과열지구 지정 등 추가 조치 강구

대책에 대한 명분을 정부의 손에 쥐어주기에 이르게 됩니다.

6·19대책에 이어 나온 8·2대책은 그동안 볼 수 없었던 강력한 내용으로 다음 4개의 카테고리로 이루어져 있습니다.

1. 투기과열지구를 지정해서 투기수요 유입을 차단
2. 양도소득세 중과세와 실거주 요건, 금융규제를 강화해서 실수요자 중심의 시장전환 모색
3. 서민을 위한 주택공급 확대
4. 가점제를 확대하여 실수요자를 위한 청약제도 개편

세부적인 내용으로는 재건축 초과이익환수제의 부활을 공식적으로 선언했으며, 서울 전역과 과천, 세종을 투기과열지구로 지정함으로써 재건축 조합설립 이후의 조합원 지위승계를 사실상 불가능하게 했으며, 다주택자의 양도세 중과세와 DTI와 LTV를 40% 이내로 제한하고, 서민을 위한 주택공급을 활성화한다는 포괄적인 내용을 담게 됩니다.

더불어 청약제도에 있어서도 1순위 요건을 1년에서 2년으로 강화하고 가점제를 확대해서 실수요자 위주의 청약이 가능하도록 전반적인 제도를 개편하게 됩니다.

8·2 부동산 대책 주요 내용

투기수요 차단 및 실수요 중심의 시장 유도		실수요·서민을 위한 공급 확대	
과열지역에 투기수요 유입 차단	실수요 중심 수요관리 및 투기수요 조사 강화	서민을 위한 주택공급 확대	실수요자를 위한 청약제도 등 정비
투기과열지구 지정 서울 전역, 경기 과천, 세종	양도소득세 강화 • 다주택자 중과 및 장특 배제 • 비과세 실거주 요건 강화 • 분양권양도세율 인상	수도권 내 다양한 유형의 주택공급 확대를 위한 공공택지 확보	청약제도 개편 • 1순위 요건 강화, 가점제 확대 등
투기지역 지정 서울 11개구, 세종		공적임대주택 연간 17만 호 공급 • 수도권 연간 10만 호	지방 전매제한 도입 • 광역시 6개월, 조정대상지역 1년 6개월~소유권이전등기시
분양가상한제 적용조건 개선	다주택자 금융규제 강화 • 투기지역 내 주담대 제한 강화 • LTV · DTI 강화(다주택자) • 중도금 대출요건 강화 (인별 → 세대)	신혼희망타운 공급 • 5만 호(수도권 3만 호)	오피스텔 공급 · 관리 개선
재건축·재개발 규제정비 • 재건축 초과이익환수제 시행 • 재개발 분양권 전매제한 • 재개발 임대주택 의무비율 상향 • 재건축 등 재당첨 제한 강화	다주택자 임대등록 유도 자금조달계획 등 신고 의무화, 특별사법경찰제도 도입 등		

정부는 지난 2003년~2007년 상승 당시에 나왔던 부동산 대책을 모두 합한 것 이상의 고강도 대책을 내놓으면서 이래도 시장이 잡히지 않으면 추가 대책을 더 내놓겠다는 엄포를 놓습니다.

개인적으로 8 · 2대책을 보면서 놀라웠던 것은 2006년~2007년 당시 대책의 데자뷔가 떠오르면서 입주와 맞물리면 어느 정도의 경착륙은 피할 수 없겠다고 생각했는데, 이런 대책을 보면서도 시장은 일시적으로 주춤했다가 다시 상승으로 전환한다는 사실이었습니다.

그리고 이후에도 정부는 10월 말 가계부채 종합대책을, 11월 말 주거복지 로드맵을 연이어 발표합니다. 가계부채 종합대책에는 신DTI의 도입과 DSR(총부채원리금·상환비율)의 도입, 그리고 임대업자의 대

가계부채 종합대책

신DTI 도입
미래 예상소득 반영해 연소득 산출

DSR 표준모형 제시
DSR을 통해 은행권 대출심사 기준 강화

자영업자 대출심사 강화
부동산임대업 등 일반 자영업자 대출 규제 확대

주거복지 로드맵 주요 내용

구분	주택공급	금융지원	청약 · 입주제도
청년층	• 공공임대 13만 호, 공공지원주택 12만 실 • 캠퍼스 내외 5만 명 규모 기숙사	• 월세대출 한도 확대 (30만 → 40만 원) • 1인 가구 전세대출 연령제한 완화(25 → 19세 이상)	• 청년우대형 청약통장 출시 (최고 3.3% 금리 500만 원까지 비과세)
신혼부부	• 공공임대 20만 호 • 신혼희망타운 7만 호	• 전용 주택구입 · 전세자금 대출 2019년 1월 출시	• 신혼부부특별공급 자격 중 혼인기간 확대(5 → 7년 이내) 및 1자녀 이상 요건 폐지 • 신혼부부특별공급 비율 상향 (민간분양 15 → 20%, 공공분양 15 → 30%)
고령층	• 임대주택 5만 호	• 연금형 매입임대 도입 • 주택 매각한 고령자에게 공공임대 공급	• 영구 · 매입임대 입주 1순위 자격에 저소득 고령자 가구 추가
저소득 · 취약계층	• 공공임대 · 공공지원 등 41만 호	• 주거급여 지원대상 및 지원금 확대 • 연소득 2,000만 원 이하, 2자녀 이상 가구 버팀목 전세자금 대출 금리 0.2%p 우대	• 빈 매입임대 주택 활용 취약계층 긴급지원주택으로 활용 • 매입 · 전세임대 아동가구 우선입주 지원

종부세	• 세율 0.5~2.3%에서 0.5~3.2%로 상향 • 세부담 상향 150%에서 300%로 인상 • 과세표준 3억~6억 원 신설 0.7% 적용 • 공시가격 반영(공정시장가액 비율) 연 5%씩 올려 2022년 100%
대출규제	• 규제지역 1주택자 주택담보대출 금지 • 규제지역 내 일시적 2주택자 기존 3년에서 2년 내 처분해야
임대사업자 규제	• LTV 기존 80%에서 40%로 축소 • 조정지역 주택취득시 · 미임대등록시 양도세 중과, 종부세 합산
1주택자 규제	• 장기보유특별공제 요건에 2년 이상 거주요건 추가 • 규제지역 내 일시적 2주택자, 2년 이내 처분해야
청약제도	• 분양권, 입주권 주택 소유 간주 • 분양가상한제 적용주택 전매제한 8년(거주의무기간 5년) • 추첨제 당첨자 선정시 무주택자 우선 적용 • 청약 시스템 관리 한국감정원으로
주택공급	• 수도권 택지 300여 곳 30만 가구 공급(21일 별도 발표)

출상환능력을 심사하는 RTI(임대업이자상환비율)를 도입하고, 주거복지 로드맵에서는 총 100만 가구의 공급을 목표로 하는 계획을 발표하게 됩니다.

이러한 각종 대책에도 불구하고 2018년 들어서도 가격이 폭등하자 정부는 9 · 13대책을 발표하기에 이릅니다.

9 · 13대책으로 사실상 다주택자의 모든 대출이 금지되고 보유세가 중과되었으며, 임대사업자의 혜택이 축소되고 이후 3기 신도시 공급까지 발표되었는데, 그동안 대책의 무게감에 더해 서울에 공급

이 시작되면서 이번 시즌의 부동산 상승장은 2018년 11월 들어서면서 본격적인 입주와 맞물리며 매매와 전세가 동시에 하락하는 운명을 맞이하고 있습니다.

이렇게 2010년부터 시작된 정부의 부양책과 2016년부터 시작된 정부 규제책에 대해서 약 10년 주기의 흐름을 읽어 봤습니다. 이 흐름은 앞으로도 시세변동에 따라 반복될 것이기 때문에 잘 기억해 두었으면 합니다.

4장

부동산 시장에서
일어날 일들

앞으로 부동산 시장에서 생길 일들

지금까지 설명했던 길고 긴 내용들을 몇 줄로 요약하면 다음과 같습니다.

"금리는 상승추세로 전환해서 시간의 문제일 뿐이고, 정부규제도 점점 강해지고 있으며, 상승기에 과잉공급된 물량은 실물이 존재하지 않았던 분양권 시대에는 기대감과 빚으로 상승할 수 있었습니다. 하지만 실물인 입주물량으로 돌아오는 시점부터 세입자를 채워 넣어야 하는 문제가 생기면서 전세가격 조정으로 역전세난이 발생하고 이로 인해 매매가격을 끌어내리게 될 것입니다."

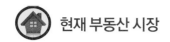

앞서 이야기했지만 늘어나는 입주물량으로 인해 2017년 초 지방의 매매시장 조정을 시작으로 4월에는 전세가격 하락이 시작되었고, 2017년 11월 이후 경기권의 전세가격 하락이 서울보다 먼저 시작되었습니다. 그리고 이에 따라 매매가격이 조정받기 시작했는데 전반적인 조정양상에도 불구하고 서울은 양극화라는 이름으로 2018년 8월, 9월 최대 상승폭을 기록하며 기대감을 높인 바 있습니다.

지방에서부터 시작된 조정국면은 실입주 수요가 취약한 지역부터 번지는 양상입니다. 이것은 전국 평균 입주물량인 약 20만 가구 중반 정도에 대비해서 2017년 38만 가구, 2018년 44만 가구, 2019년 41만 가구의 입주예상 물량을 보면 이번 하락은 전세와 같이 온다는 점에서 쉽게 끝나지 않을 것으로 생각됩니다.

2016년과 2017년의 입주물량은 그동안 부족했던 공급부분을 메운다고 해도, 2018년부터는 매년 평균 입주물량보다 전국적으로 무려 15만 가구 이상이 넘쳐나는 상황이기 때문게 그 심각성이 더 크다고 할 수 있습니다. 서울의 경우는 약간 상황이 다르기는 하지만 지난 호황으로 인해 건설사에서 늘린 공급의 영향을 본격적으로 받게 되는 것은 2018년 하반기부터로 2017년에 비해 20% 이상의 입주물량이 돌아오는 시점이기도 합니다.

서울의 지난 몇 년간 인허가 실적을 보더라도 2015년 이후 꾸준히 물량이 증가했으며, 앞에서두 언급했지만 5년 평균과 10년 평균의 입주물량을 봐도 서울의 집값 상승 원인을 공급부족으로 돌리는 것은 바람직하지 않아 보입니다. 특히 강남은 송파 헬리오시티를 시작으로 개포, 강동에서 집중적으로 나오는 물량이 그동안 한 번도 보지 못했던 역대급 물량이라는 점을 잊어서는 안 될 것입니다.

서울에 2019년 입주할 세부적인 단지들을 살펴보면 아래와 같습니다.

2019년도 서울의 입주물량

1월	12,572세대	송파구 9,510호, 은평구 1,666호, 동대문구 802호, 성북구 399호, 종로구 195호
2월	7,709세대	성북구 3,443호, 강남구 1,957호, 은평구 678호, 영등포구 612호, 기타 1,019호
3월	499세대	강서구 499호
4월	638세대	용산구 478호, 동대문구 160호
5월	0세대	
6월	6,418세대	강동구 1,900호, 관악구 1,531호, 성북구 939호, 동대문구 900호, 기타 1,148호
7월	480세대	성북구 299호, 광진구 181호
8월	3,640세대	강남구 1,320호, 은평구 1,305호, 마포구 1,015호
9월	8,156세대	강동구 4,932호, 성북구 1,562호, 강북구 1,028호, 구로구 634호
10월	469세대	동대문구 469호
11월	2,513세대	노원구 859호, 송파구 697호, 중랑구 497호, 강동구 460호
12월	5,502세대	강동구 3,604호, 서대문구 1,047호, 금천구 432호, 구로구 419호

이제 서울에서 어떤 일이 생길지를 알아보기 위해서는 지방과 경기권이 어떻게 움직였는지 사례를 통해서 살펴볼 필요가 있습니다. 이 두 곳 시장의 조정이 다른 양상을 보였다는 것을 주목하길 바랍니다.

이 두 곳의 다른 점은, 지방은 매매가가 먼저 조정된 이후에 전세가격이 조정되었고, 경기권은 전세가격 조정이 먼저 시작된 후에 매매가격이 조정되었다는 것입니다.

이 의미가 무엇을 뜻하는 것일까요?

 ## 지방 부동산 시장의 경우

매매가격이 전세가격보다 우선적으로 하락한다는 의미는 상승에 대한 기대감이 꺼지면서 매수자들이 먼저 물러섰다는 뜻입니다. 매매가격이 하락하는 상태에서 전세가격이 상승하고 있었다는 것은 실물이 꺼지지 않은 상태에서도 불안감을 느낀 매수자들이 선제적으로 시장에서 물러섰으며, 결국 몇 개월 후에 전세가격이 하락했다는 말은 매매에서 물러선 것이 훌륭한 결정이었다는 의미이기도 합니다.

그리고 이런 현상은 시장이 이성을 갖고 있는 상태에서 나오는 패턴입니다.

 ## 경기권 부동산 시장의 경우

그런데 반대로 매매는 상승세를 유지하고 있는데 전세가격이 꺼졌다는 말은 공급이 넘칠 때끼지 매매를 히고 있었다는 말이고 기대치는 합리적이지 않았다는 결론에 도달하게 됩니다.

불과 1년 전 부산이나 경기권의 일반분양 시장으로 돌아가 보면, 이들 지역의 공급과잉이 예고되고 있는 국면에서도 몇 백대 일의 경쟁률을 기록하며 완판행진은 물론 프리미엄까지 생기고 있었습니다. 이는 10배의 신용을 일으키는 것이 가능한 분양권 시장의 특성 때문인데, 분양권이라는 상상의 시장에서 만들어진 입주물량이 2017년 한해 동안 본격화되는 동안에도 시장은 기대감이 가득했습니다.

그리고 실물인 전세가격이 하락하는 시점까지 프리미엄을 주고 매매하면서도 공급과잉의 조짐을 느끼지 못한 전형적인 비이성적인 시장이라고 할 수 있습니다.

 ## 서울 부동산 시장의 경우

양극화에 대한 기대감으로 2018년 중반까지 꾸준히 상승이 진행되는 서울 부동산 시장은, 현재 시점에서 향후 매매에 대한 수요와 공급의 키는 다주택자들과 분양권 소유자들이 쥐고 있습니다.

그렇기 때문에 이들이 앞으로도 지금처럼 버틸 수 있는지의 여부에 대해서 앞에서 언급했지만 이제는 조금 더 구체적인 사례들을 가지고 살펴보겠습니다.

현재까지 서울의 경우 분양권을 가진 사람들은 각종 규제에도 불구하고 별로 불편함이 없는 상태입니다. 왜냐하면 계약금 10%가 이미 자기 돈으로 들어가 있는 상태에서 3개월 내지 4개월 만에 돌아오는 중도금 60%는 대출이 이미 실행되고 있고, 입주시점이 돌아오지 않은 상태에서 잔금 30%를 입주시점에 내면 되기 때문에 현재 시점으로 돈이 더 들어가거나 할 일이 없기 때문입니다.

단, 입주시점이 돌아오면 전세나 월세 등의 임대를 놓아서 대출을 받았던 중도금 60%와 잔금 30%를 합해서 계약금 이외의 나머지 90%의 자금을 맞춰야 하는 상황으로 변하게 됩니다.

부동산 상투조건이
채워지고 있다

서울의 한 신규 입주단지로 가보겠습니다.

신규 입주단지는 통상적으로 입주기간을 2달 정도 줍니다. 분양권 소유자(다주택자)는 계약금 10%만 낸 상태이니 2달 안에 임대를 놓든 대출을 받든 중도금 대출 60%와 잔금 30%에 해당하는 90%를 지불해야 합니다. 이 기간 안에 잔금 90%를 납부하지 못하면 단지마다 다르기는 하지만 나머지 잔금 90%에 대해 무려 연이자 10% 내외의 가산금을 물게 되어 있습니다.

요즘 강남 아파트 84㎡(구 30평대)가 15억이라고 한다면 분양가의 90%인 13억 5,000만 원에 대해 2달 안에 납부하지 못하면 연 10% 이자를 내는 셈이니 월 부담하는 금액이 1,000만 원이 넘어갑니다.

입주시점에 입주물량이 넘치면서 공급이 늘어나게 되고, 그로 인해 생기는 문제는 통상 다음의 2가지 정도가 있습니다.

 ## 전세가 안 나가는 경우

물건을 시장에 내놓고 잔금 납부기간인 2달이 다 되어 가는데 전세가 안 나갑니다.

15억 물건을 기준으로 잔금을 기한까지 내지 못하면 대략 월 1,000만 원의 금액을 이자로 내야 합니다. 머리가 아플 수밖에 없습니다. 다주택자 양도세 중과 등으로 가격이 올라 봐야 예전처럼 큰 이익을 주지 못하는 상황에서 이 금액을 지불해야 하는 다주택자의 선택은 무척 제한적일 수밖에 없습니다.

예전에도 이런 상황이 없었던 것은 아닙니다. 강남재건축 초기 입주단지인 반포의 래미안신반포팰리스나 아크로리버파크 등에서도 이런 일이 생겼습니다.

하지만 당시에는 입주시점에 반짝 한차례 가벼운 소동 정도로 끝나며 별문제 없이 넘어갔습니다.

여기에는 2가지 이유가 있는데, 하나는 워낙 상승 초입부에 분양했던 물건이기 때문에 분양가가 저렴해서 공사를 하는 기간 동안 가격이 올랐고, 입주시점에는 오른 가격을 기준으로 잔금 대출이 가능했기 때문입니다.

금리까지 낮으니 계약금 이외에 90% 자금에 대해서 잔금 대출을 받아서 입주기간인 2달만 버티면 급한 매물들이 정리되면서 전세금이 다시 상승하게 되니 올라간 전세금으로 나머지 자금을 메꾸는 것이 가능했습니다.

두 번째 이유는 입주물량의 흐름으로 보면 아주 초기 입주이기 때문에 물량적으로 여유가 있었으며 새 아파트라는 희소성 때문에 입주할 사람들이 많았습니다.

입주시점에 한꺼번에 나오는 물량만 넘기면 인근의 다음 단지 입주까지는 시간적인 여유가 있었고, 전세금이 다시 오르며 물건이 없는 추세였기 때문에 몇 달만 고생하면 이 위기를 넘기는 것이 가능했습니다.

2018년 현재의 상황은 어떨까요?

84㎡(구 30평대)의 가격대가 이미 15억 이상까지 올라와 있습니다. 잔금 대출이 된다고 해도 이미 절대 금액이 높은 상태에서 대출이 40%로 묶여서 추가적인 자금이 필요합니다. 더 큰 문제는 여러 대책으로 인해서 다주택자의 경우는 잔금 대출이 아예 불가능해졌습니다.

즉 대출을 받아서 잔금을 메꿔 놓고 전세가 나갈 때까지 버티는 것이 2016년에는 가능했지만 지금은 불가능해진 것입니다.

더불어 경기 남부권에서 시작된 역전세난이 이제는 서울 전역으로 확산되고 있고, 2019년 서울의 입주물량을 생각하면 아찔하기까지 합니다.

'이자 낼 생각하고 2달만 버티면 입주물량이 없어져서 전세가격이 회복하겠지'라고 생각해 보니 인근에서 입주단지가 계속해서 생기고, 전세가 언제 나갈지 모른다는 불안감이 잔금 지체이자에 대한 부담감과 합해지면서 분양권 소유주들에게 공포심을 불러일으키게 되는 상황이 얼마 지나지 않아 나타나게 될 것입니다.

 ## 전세가격이 생각한 가격에 미치지 못하는 경우

지난 10년 이상을 오르기만 하던 전국의 전세가격이 2017년 들어서 이상 조짐을 보이고 있습니다. 엄밀히 말하면 이상 조짐은 2017년에 들어와서 보인 것이 아니고 전세수급지수 추이에서 알 수 있듯이 2015년 3월 정점을 찍은 후 꾸준한 하락세에 있었습니다.

2017년에 강의를 하면서 2018년에 입주하는 반포권역 84㎡(구 30평대)의 분양권을 소유하신 분들을 대상으로 전세가격을 얼마 정도 예상하는가?, 라고 물어봤습니다.

대다수 분들이 12억에서 13억을 예상하고 있었고, 높은 금액으로는 14억에서 15억을 예상한 분이 10% 정도이고, 가장 보수적인 금액을 책정한 분이 소수로 5% 정도의 비율이었습니다.

현재 시세가 12억에서 13억 정도이니 이런 전세가격을 예상하는 것이 어쩌면 너무 당연한 결과라고 생각할 수도 있습니다. 그래서 질문을 바꿔 봤습니다.

"2년 전 2016년 레미안신반포팰리스가 입주할 때 84㎡의 전세가격이 얼마였는지 알고 계신가요?"

수많은 분 중에 한두 분만 기억하고 대부분은 이 당시의 전세가격을 기억하지 못하시더군요.

당시 전세가 귀하던 시절에도 84㎡의 전세가격은 8억 5,000만 원에서 9억 선이었으며, 반포의 대장주로 불리우는 아크로리버파크의 경우도 전세가격은 10억에서 11억 선에 입주했습니다.

신규 입주시장에서는 전세가 귀하던 시기에도 한꺼번에 나오는 물량으로 인해 평소의 전세가격에 못 미치는 가격을 받을 수밖에 없습니다.

그런데 이런 입주물량이 계속해서 닥치면 현재 분양권을 소유한 분들의 전세자금 계획에 차질이 생길 수밖에 없고, 강남의 경우는 전세가격이 높기 때문에 그 갭이 3억에서 5억 내지는 그 이상까지도 날 수 있다는 점을 생각해야 합니다. 이런 현상은 단지 반포권의 문제가 아니고 서울에서 올해 입주하는 대부분의 지역이나 단지에서 상황만 바뀔 뿐 동일한 형태로 발생할 수 있습니다.

잔금 대출이 막혀 있는 상태에서 전세가 안 들어온다던가 전세가격 하락으로 인한 자금의 부족을 메꿀 수 있는 방법이 없다면 분양권 소유자들의 다음 행보는 어떤 것이며, 상승하던 부동산 시장이 멈춘다면 이미 자산의 볼륨을 자신이 감당할 수 있는 영역 이상으로 키워 놓은 다주택자들에게 남은 행보는 어떤 것이 있을까요?

결국 이번 2013년~2018년 초반까지의 상승을 분양권이라는 가상의 시장이 이끌었다면 하락은 입주물량의 전세라는 현실이 가져올 것이고, 전세가격 하락이 매매가격 하락을 부추기면서 동반 조정될 가능성에 대비해야 합니다. 또한 입주물량으로 보면 단기가 아니고 중기적인 하락에 대비해야 하는 시점입니다.

 유동성이란?

한 번 매도가 시작되면 집을 보유한 사람들은 취득세, 보유세라는 핸디캡을 가지고 시작한 것이기에 시장이 정지만 하고 있어도 손해인데 내리기까지 하면 방법이 없습니다. 더구나 각종 규제로 선택의 폭이 별로 없는 시점에서 다주택자들이 느끼는 심정은 어떤 것일까요?

앞으로도 집값이 계속해서 상승한다는 논리 중에 유동성이 갈 곳이 없다는 논리가 그나마 가장 합리적인 설명인데, 유동성은 항상 군중의 심리와 함께 합니다. 유동이라는 말은 글자 그대로 움직인다는 말입니다. 이 자금이 부동산을 언제나 항상 받쳐줄 것이라는 생각은 무리가 있습니다. 유동자금이 지금 부동산 시장에 머무는 것은 금리가 낮고 집값은 오르니 세금이 아무리 많아도 금리보다 좋은 수익이 보이기 때문에 머무는 것뿐이지, 은행에 넣어 두는 것이 이득이 되는 상황, 즉 집값이 보합 내지는 조정을 보이거나 금리가 오르는 상황에서 유동자금은 한 번에 움직이려고 할 것입니다.

세상이치가 무엇이든 한 번에 움직이려면 쏠림 현상이 생기게 되고, 이때 비로소 남들과 같이 움직이려면 주변 상황은 만만치 않게 됩니다. 실제로 8·2대책으로 조합설립 이후 재건축 대부분 단지들의 조합원 지위승계가 금지되면서 이 단지들을 소유한 분들 중에 나가고 싶어도 나가지 못하고 울며겨자 먹기로 버티는 분들이 생겼습니다. 강제로 버티기 모드가 되니 자신이 매도할 수 있을 때까지 집값이 떨어지지 않기를 바라는 것만이 할 수 있는 일의 전부가 됩니다.

 ## 점점 커지는 집값의 낙폭

최근 들어 지방 주택시장 분위기는 급격히 냉각되고, 심지어 신규 청약하는 분양단지들의 분양율이나 당첨가점도 덩달아 떨어지는 모습을 보이고 있습니다.

시장에서는 정부규제에 따라 심리가 위축되고 기존 분양단지들의 입주가 본격화되면 지방 주택시장은 더욱 침체될 가능성이 높다는 전망을 내놓고 있는데, 이는 단순히 전망에 그치지 않습니다. 줄지 않고 있는 분양물량은 이미 과하게 넘어선 입주물량과 함께 집값의 낙폭이 점점 커질 것입니다.

서울은 2018년에 양극화를 외치며 시장을 역행했지만 이는 기대감일 뿐, 결국 실물이 돌아오고 있다는 점에서 이제 시간적인 여유는 별로 없어 보입니다.

서울도 정부규제나 금리 그리고 넘치는 입주물량이 돌아온다는 점에서 이성적인 시장이었다면, 2017년 부동산 시장은 상승하지 않고 조정국면으로 들어갔어야 함에도 불구하고 저금리와 언론과 전문가라는 사람들의 공급부족 논리가 작용하며 지나친 기대심리가 시장을 이끌어 왔습니다.

이제 남아 있는 시간이 그리 길지 않습니다. 결국에는 실질가치를 넘어서 과열국면을 일으킨 부분에 대한 대가를 누군가가 치뤄야 할 시점이 다가오고 있습니다.

지난 10년에 걸친 저금리에 따른 유동성의 시대는 세계적으로 종말을 고하며 금리를 높이고 있고, 정부규제는 지난 꼭지를 찍었던 10년 전의 상투시점보다 강도를 더하고 있습니다.

 ## 2007년 부동산 시장의 복사판

지금 시장은 어떻게 생각하면 2007년의 복사판이기도 합니다.

2006년 재건축 초과이익환수제와 2007년 분양가상한제의 등장으로 시장이 침체되기 시작했고, 그럼에도 2003년~2006년까지의 호황으로 건설사들이 이미 준비된 대량 물량을 쏟아내면서 2007년과 2008년 잠실의 침체, 2006년 정책의 변화로 선분양을 못하게 되자 반포자이나 반포래미안의 후분양 전환, 그리고 이 입주물량으로 인한 반포의 침체 등 일련의 과정이 거의 2007년을 복사한 듯한 모습입니다.

이제 호황기에 준비된 대규모 아파트와 오피스텔의 입주와 정부의 각종 부동산 규제, 그리고 여기에 1,500조 원을 넘는 가계부채 리스크와 금리인상이라는 부담은 보이든 보이지 않든 서서히 다가오고 있습니다. 그로 인한 거래절벽과 청약시장 양극화가 현재 시점에 와 있다면 앞으로 다가올 일은 미분양 증가와 준공 후 미입주가 기다리고 있습니다.

매매와 전세 하락지역 확산, 거래절벽, 청약율 하락 확산, 미분양 증가들은 전형적인 상투의 전조증상으로 감기가 오기 전에 목이 붓는 것과 같은 현상입니다. 2017년 한 해 동안 이런 증상이 여러 경로에서 나오면서 컨디션을 관리했어야 하는 해였음에도 불구하고, 서울은 이런 전조증상을 무시하고 2018년까지 무리하면서 건강을 해쳤으니 그 다음 겪어야 할 일은 뻔합니다. 고열로 시달리며 병원 다니면서 아플 만큼 아파야 비로소 낫게 될 것입니다.

마지막으로 신문기사에 나왔던 문화일보 김순환 기자의 인상 깊었던 글로 마무리하겠습니다.

"모든 시장이 화양연화(花樣年華 · 가장 좋은 시기)를 거쳐 반드시 내리막길을 맞듯이 부동산 시장도 '호재(好材) 없는 열기의 시간'은 결코 오래 가지 않습니다. 일시적으로 '반짝'하지만 서서히 냉각되지요. 온갖 악재가 쌓이는 지금 부동산 시장은 '상투의 조건'을 하나하나 채워가는 중이라 해도 과언이 아닙니다. 물론 상투는 정점이지요. 내부충격에 의한 급랭과 경착륙이 없었던 한국 부동산 시장이 처음으로 외부충격 없이도 장기침체의 늪에 빠질 수 있습니다. 부동산 실수요자나 일반 투자자들은 2017년 말과 2018년의 시장 정세를 제대로 판단, 상투를 잡는 우를 범하지 말아야 합니다."

부채로 형성된 거품이 현실에 맞닥뜨렸을 때 어떤 일이 벌어지는지 '민스키 모멘트'라는 이론을 대입해서 예상해 보겠습니다.

지금부터 설명할 내용은 이론적인 것으로 실제 이번 시장에 어떤 경로로 적용될지는 시간이 증명해주겠지만 조정 후 다음 부동산 시장을 대비하기 위해서는 꼭 한 번 읽어 봐야 할 내용이기도 합니다.

민스키 모멘트

민스키 모멘트(Minsky Moment)란 과도한 부채로 인한 경기호황이 끝나고, 채무자의 부채상환 능력 악화로 건전한 자산까지 팔기 시작하면서 자산가치가 폭락하고 금융위기가 시작되는 시기를 의미합니다.

민스키의 이론은 주류 경제학계에서는 주목받지 못했으나 2008년 글로벌 금융위기 이후 재조명받고 있습니다.

그 내용을 보면 무리한 투자로 부채가 급증하는데, 이는 금융시장의 규모 확대와 자산가격 상승을 동반하게 됩니다.

하지만 실물경제와 괴리가 커지면서 투자주체들이 기대했던 수익을 얻지 못하면 시장에는 불안심리가 급속히 퍼지며 부채상환 우려가 증가하고, 불안에 금융시장이 긴축으로 돌아서면 이는 금리 급등과 자산가격 급락으로 이어진다는 내용입니다.

민스키 이론에 따르면 대출자(투자자)는 크게 3가지 부류로 나뉩니다.

1. 헤지형 대출자

일반적인 대출자로 직업이나 소득이 안정적이어서 매달 원금과 이자를 꾸준히 갚아나갈 수 있는 계층을 의미합니다.

2. 투기형 대출자

기존에 받았던 대출을 갚기 위해 또 다른 대출을 받아야 하는 계층으로 여유가 있지는 않지만 원금상환은 어렵고 이자 정도는 갚아 나갈 수 있는 사람들을 의미합니다. 원금을 상환할 능력이 없기 때문에 원금상환을 위해서는 대출을 받아야 하기 때문에 아파트 가격상승이 없다면 위태해지는 계층입니다.

3. 폰지형 대출자

다단계나 금융사기 방식처럼 새로운 사람들의 돈을 모집해서 기존 사람들의 돈을 메꾸는 폰지사기에서 유래한 말입니다. 부동산에서 이자만 상환하는 것도 벅찬 계층을 의미하기 때문에, 이 부류는 오직 큰 폭의 아파트 가격상승이 있어야만 버틸 수 있는 계층입니다.

이런 3가지 부류의 대출자들 사이에서 현재의 부동산 시장을 대입해 어떤 작동원리가 작용하는지를 살펴보면, 부동산과 같은 자산에 조금씩 거품이 형성되고 가격상승은 다시 대출을 자극합니다. 이 과정에서 헤지형 대출자와 투기형 대출자가 순차적으로 가세하게 되고, 거품이 정점에 이를 때쯤이면 폰지형 대출자들이 가세하면서 거품을 극단까지 부풀리게 되는 것입니다.

그러다가 시장이 자산을 매각하는 것이 유리하겠다는 생각이 퍼지면서 자산매각이 진행되고, 거품이 꺼지면서 제일 먼저 폰지형 대출자들이 무너지며 채무불이행자가 됩니다. 그러면 부실채권을 막기 위해 은행은 대출을 급격하게 축소하게 됩니다.

대출 축소의 영향은 곧 이어서 투기형 대출자들에게까지 영향을 미치게 됩니다. 특히 금융권 입장에서는 부실채권화가 되기 전에 상환을 요구해야 하고, 이들은 원금을 상환할 능력이 없기 때문에 다른 은행에서 대출을 받아야 하는데 다른 금융권에서도 대출을 받을 수 없기 때문에 이들에게서도 부실이 발생하게 됩니다.

결국 최종적으로 상환에 아무런 문제가 없었던 헤지형 투자자들에게까지 영향이 미치면서 시장은 패닉상태로 빠지게 됩니다.

이처럼 민스키는 경제가 안정세에서 위기상태로 가는 과정을 설명했습니다. 가격이 정점에 올랐을 때 투자자들이 서서히 뒤로 물러나는 시점을 가르켜서 '민스키 모멘트'라고 부르고 있습니다.

부동산 시장과 민스키 이론

최근의 부동산 시장을 민스키 이론에 대입해 보면 다음과 같습니다.

1. 헤지형 대출자는 일반적으로 안정적인 대출을 가진 실소유자로 볼 수 있습니다. 이들은 실제 거주하고 있는 비율이 높기 때문에 상승이나 하락

과 큰 상관없이 매달 원금과 이자를 갚아 나갈 수 있는 계층입니다.

  2. 투자형 대출자는 전세를 낀 주택을 매수한 매수자들로 폭넓게는 다주택자로 볼 수 있으며, 이들은 가격상승이 없다면 양도세 중과와 보유세 등으로 버티는 것이 의미 없어지는 계층을 의미합니다.

  3. 폰지형 대출자는 일반분양 분양권 매수자들 중 여력이 없는 대출자들로 대입해 볼 수 있습니다.

  분양권의 경우 10%의 계약금으로 10배 크기의 물건을 소유한다는 점에서 가격이 급등하는 상승장에서만 버틸 수 있게 됩니다.

  분양권 내지는 부동산이라는 특수성으로 인해 순차적으로 헤지형-투자형-폰지형으로 투자순서가 명확하게 결정되지는 않지만, 부동산 가격이 정점에 올라서 투자자들이 뒤로 물러서는 민스키 모멘트가 현실화되면 제일 먼저 입주가 시작되는 분양권 소유자들에게서 타격이 시작됩니다.

  특히 전세가 안 나가거나 전세금이 생각처럼 받쳐주지 않는 상황이 오면, 자본 대비 900%까지 부채를 실행한 폰지형 대출자들은 매도를 시작하게 됩니다.

  임대를 맞추지 못하거나 원하는 가격을 받지 못해서 여력이 없는 분양권 소유자들이 매도를 시작하면 가격이 하락하면서 주택을 많이 소유한 다주택자들은 전체 자산가치의 하락을 우려하게 됩니다.

  서울은 지난 몇 년간 부동산 시장의 상승으로 급격하게 늘어난 다주택자들이 전세가격 하락으로 인해 자금운영의 어려움까지 겹치면서 물건을 내놓기 시작하게 되고, 정부의 대책과 금리까지 더해져 가격은 조정국면으로 들어가게 됩니다.

일단 부동산 가격이 조정국면으로 들어가면 이유 없는 상승에 대한 기대감이 꺼지게 되고, 다주택자들의 전체 자산가치 하락에 대한 우려가 현실화되면서 매물이 매물을 부르며 상승시장과 정반대의 시장이 형성됩니다.

이런 조정은 곧 안정적인 대출을 가지고 있는 헤지형 대출자에게까지 영향을 미치면 시장은 전체적으로 하락하는 장세로 돌입하게 됩니다.

현재 부동산 시장은 이런 과정의 위험선 근처에 와 있다고 볼 수 있습니다. 물론 어느 선까지 진행될지는 향후 정부의 역할이나 각 개인의 대처방식에 따라서 달라지겠지만 입주시점이라는 폭탄이 터지는 시간은 정해져 있고, 그 사이에 지금 가격이 얼마만큼 더 상승할지의 여부는 시장 참여자의 선택의 몫이지만 입주라는 시점이 정해져 있는 이상 무의미한 상승이 될 것이며, 상승하면 상승할수록 반대로 조정은 더 깊어질 수밖에 없는 것이 현실이기도 합니다.

하이먼 민스키 모델에 따른 상승과 하락곡선

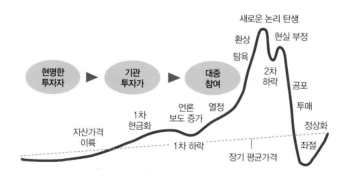

물량의 수요와 공급으로 보는
부동산 흐름

지금까지 향후 시장이 어떤 식으로든 조정을 보일 수밖에 없으며, 조정이 온다면 어떤 형태로 오는지에 관해 설명했습니다. 지금부터는 큰 흐름으로 수요와 공급을 바라보면서 이 조정이 얼마나 갈 것이며, 그에 따라 향후 부동산 시장에 대해 어떻게 대응해나가야 하는지 살펴보겠습니다.

이를 위해 개인적으로 주택을 보는 관점에 대한 얘기가 먼저 있어야 할 것 같습니다.

지난 과거부터 현재에 이르기까지는 경제성장률이나 인구가 증가하는 추세에 있었기 때문에 공격적인 투자성향의 사람들이 혜택을 봐왔습니다. 하지만 우리나라의 경우 OECD 선진국 대열에 합류하면서 경제성장률에 한계가 생겼고, 출산율 저하로 인한 생산가능인구가 줄어들기 시작하는 추세적인 반전국면에 서 있음을 인식해야 합니다. 그 말은 앞으로 부동산 투자는 저지르는 것보다는 많은 정보를 바탕으로 선별적인 투자를 하는 사람만이 살아남는 시장으로 재편되는 반환점에 와 있다는 의미이기도 합니다.

또한 주택은 어느 정도 공공재적인 성격이 있기에 한 사람이 많아야 2개 정도 소유하는 것이 바람직하지, 그 이상의 물건을 매수하는 형태의 투자대상으로 보는 것은 별로 권장할 만한 것은 아니라고 생각합니다.

단지 이것은 연예인 누구를 좋아하는 것처럼 취향의 문제일 뿐입니다. 자본주의 국가에서 몇 개 이상을 갖고 있다거나 투자적인 관점을 갖고 계신 분들에 대해 이런 생각을 강요하거나 문제점으로 인식할 이유는 하나도 없습니다.

다만 이런 이야기를 하는 이유는 과거의 방향성과는 확실히 다른 추세가 이어질 변곡점의 구간이며, 제 관점의 한계를 분명하게 알아야 다른 관점을 가진 분들이 저마다 원하는 목적을 이루는 데 활용할 수 있기 때문입니다.

시장이 상승하는 것을 지켜 보게 되면 본인이 가지고 있던 의심이 확신으로 바뀌면서 여기에 '가정'이 추가됩니다.

'투자금이 더 컸으면 이익도 그만큼 더 클 텐데'라는 가정이 개입되면서 부채를 포함한 자산을 상승국면에 맞춰서 지속적으로 늘리게 됩니다. 그러다가 어느 시점에 시장의 큰 흐름이 꺾이게 되면 전체 자산가치의 하락으로 이어지게 되고, 상승에 취해서 벌린 무리한 투자로 인해 버티고 싶어도 못 버티는 상황이 오게 됩니다.

또한 부동산은 주식과 달라서 예상치 못한 정부대책(조합원 지위승계 금지)이나 양도세 중과, 대출규제 등으로 팔고 싶어도 팔지 못하는 경우가 생기기 때문에 다른 어떤 투자분야보다도 미리 주의와 대비가 필요합니다.

특히 상승장에는 시장의 기대감으로 인해 매도를 못하다가 완벽하게 시장이 꺾이고 나서는 이러지도 저러지도 못하는 상황에 부닥치기 때문에 하락장보다는 오히려 상승장에서 더욱 주의가 필요합니다.

집은 주식과 달라서 사고팔고 보유하는 데 많은 제반비용이 수반됩니다. 한 번 매수하면 최소한 2년 정도는 시장에 대한 자신이 있는 상태에서 매수해야 하며, 꼭지 내지는 상투 논란이 있는 시점에서 매수했다가 한 번 상투를 잡으면 가격회복에 길게는 10년까지도 시간이 걸리는 점도 감안해야 합니다.

 ## 부동산 시장의 향방

그럼 이제부터 향후 부동산 시장에서 생길 수 있는 일들을 살펴보겠습니다.

2013년부터 시작된 상승장은 역설적이게도 2006년~2012년까지의 재건축 초과이익환수제와 각종 규제로 인한 공급축소와 이주수요가 만들어낸 합작품이라고 볼 수 있습니다.

현재 시장도 2006년과 마찬가지로 재건축 초과이익환수제가 부활했으며, 투기과열지구 및 투기지역지정으로 양도세 중과 및 각종 대출규제 그리고 보유세 증가가 눈앞에 닥쳐 있습니다.

일반적인 부동산 규제는 결국 장기적으로는 공급을 축소시킬 수밖에 없습니다. 그런데 향후 물량의 흐름을 이해하기 위해서는 여기에 맞물려 지금 시점에서 하나 더 살펴봐야 할 것이 있습니다.

그것은 현재 관리처분을 진행중인 재건축 단지들의 대부분이 조합원 물건의 ㎡당 가격이 너무 높다는 것입니다. 조합원 물건은 원래 일반분양보다 좋은 동호수를 선점할 수 있고, 가격까지 저렴하기 때문에 매력 있는 것이고, 그렇기 때문에 한꺼번에 큰돈이 들어가고 중간에 생길 위험에도 불구하고 미리 매수를 하는 것입니다.

그런데 현재 시점으로 반포의 경우를 보면, 조합원 물건의 관리처분시 3.3㎡당 가격이 4,500만 원에서 5,000만 원 선입니다. 그보다 더 높아야 할 일반분양 가격은 정부가 HUG의 보증을 통해 가격을 훨씬 낮게 누르고 있기 때문에 조합원분양가보다 일반분양가가 저렴한 구조적인 모순이 생기기 시작했습니다.

이 내용이 의미하는 바는 관리처분시 제출한 일반분양 가격과 실제 분양할 수 있는 일반분양의 가격 차이가, 결국 조합원들이 추가로 부담해야 하는 금액으로 돌아올 것이며 추후 관리처분 변경시 반영된다면 재건축 진행이 어려워질 수 있습니다.

여기에 시장의 시세가 하락하기 시작한다면 재건축은 요원해지는 것이고, 지난 2006년~2007년 시장에 신반포5차로 불리던 아크로리버뷰나 반포한양으로 불리던 신반포자이 등이 이주 후 다시 끌려들어온 사례가 이런 구조적인 모순에서 가격이 하락하는 시장에 직면했을 때 생긴 일임을 잊어서는 안 됩니다.

부동산 시장이 지속적인 상승세를 유지하면 추가부담금이 늘어나도 조합원들 사이에서 그럴 수 있다는 공감대가 형성되면서 재건축이 계속 진행되지만, 시장이 주춤거리기만 해도 늘어난 부담금으로 인해 재건축 진행에 제동이 걸릴 가능성이 커지게 되는 것이 일반적이기 때문에, 이런 결과는 큰 물량의 흐름으로 보면 지금 진행되는 재건축 단지들이 생각처럼 빠른 시간 내에 이주를 하거나 입주물량으로 바뀌지 않을 수 있다는 것을 의미합니다.

 ## 후분양제가 거론되는 이유

최근 일부 단지들에서 후분양제에 대한 얘기들이 공공연하게 나오고 있으며, 실제로 몇 개 단지는 후분양제로 바꾸기도 했는데 그 이유를 생각해 보겠습니다.

상식선에서 생각하면 조합이나 건설사 입장에서는 후분양제를 선택할 이유가 하나도 없습니다.

후분양제의 장점으로, 3년 후에 분양하면 공시지가 상승과 건축비 상승으로 분양대금을 높일 수 있다고 하지만 시장의 변동 리스크를 생각하면 이 정도 상승은 아무 의미가 없습니다. 특히 자금을 먼저 끌어다 사용할 수 있다는 측면에서 선분양은 후분양과 비교할 수 없을 만큼 조합이나 시공사 입장에서 장점이 많은 것이 사실입니다.

그럼에도 최근 후분양제에 대한 말이 나오는 것은, 현재 시점에서 일반분양을 먼저 하려니 정부의 분양가 규제로 인해 조합원들에게 말한 추가부담금을 지킬 수 없게 되자 일반분양을 뒤로 미루고 일단 공사를 먼저 시작하자고 하는 그들만의 속사정이 있음을 알아야 합니다.

현재까지 나와 있는 정부의 법적인 규제나 시장의 조정은 향후 공급축소를 의미하며, 이것은 이번 재건축 시장에서 일어났던 흐름이 미래에 다시 한 번 '부동산 시즌2'에서 반복될 가능성에 주목할 필요가 있습니다.

2006년~2012년까지 여러 규제로 인한 재건축·재개발의 공급중단 → 2010년 이후 정부규제 완화 → 2013년 이후 이주 발생 → 2014년 일반분양 발생 → 반등 내지는 상승의 패턴이 연도만 바뀌면서 아래처럼 벌어질 수 있습니다.

즉, 2013년부터 부동산 시장의 상승으로 발생된 공급물량의 입주가 2017년~2019년 내지는 2020년까지 있을 예정이며, 이 공급물량이 정리되는 시점 정도에서 다시 재건축 초과이익환수제, 투기과열지구, 분양가상한제, 시장의 침체로 인한 재건축이 늦어지거나 중단되면서 공급중단 - 정부규제 완화 - 이주 발생 - 일반분양 시작 - 반등 내지는 상승의 패턴으로 재건축 시즌2가 반복될 가능성에 대비해야 합니다.

그렇다고 하더라도 이미 공급된 물량이 어느 정도 정리되는 시점에 규제로 인한 공급축소의 흐름을 생각해야 하는 것이며, 지금은 공급축소를 말할 시점이 아니라 이미 공급된 물량의 과잉을 걱정해야 하는 시점임을 잊어서는 안 됩니다.

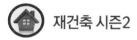 ## 재건축 시즌2

물론 재건축 초과이익환수제가 어느 정도 갈 것인지, 분양가상한제 카드가 정말 나올 것인지, 대규모 입주로 인한 물량은 어느 시점에 소화 가능할지, 기타 투기과열지구 해제 등 정부의 규제에 따라 기간은 달라지겠지만, 이런 변화하는 내용에 따라 진폭만 다르게 보고 사이클은 유사하게 보는 '재건축 시즌2' 시점을 예상해 보는 일은 가능해 보입니다.

단 한 가지 주의할 점은 재건축 시즌2가 온다면 시즌1과는 그 사이클이 아주 크게 다른 점이 하나 있다는 것입니다.

지난번 사이클에서는 2010년 이후 정부가 용적률을 풀어준 이후 다시 용적률을 받고 나서 용적률 통과 – 건축심의 – 사업시행인가 – 관리처분을 다시 진행하느라 적게는 2년에서 길게는 4년의 시간을 소모한 것에 비해서, 다음 사이클에서는 이미 용적률이 최대로 풀어져 있기 때문에 기존 진행해 놓은 사업시행인가 내지는 관리처분 단계에서 다시 용적률 변경으로 되돌아갈 필요 없이 각자의 단계에서 바로 진행하면 되기 때문에 이는 시장이 다시 상승으로 방향을 잡는 데 지난 사이클 만큼의 시간이 필요하지 않다는 의미로 해석할 수 있습니다. 즉 정부의 강력한 규제 및 입주물량으로 인해 시장이 지나치게 경색하는 경우에 정부대책이 부양 쪽으로 방향을 틀면 이런 신호가 지난번 사이클에 비해서 빠른 속도로 진행될 수 있습니다.

이런 관점에서 수요와 공급을 큰 흐름으로 읽을 수 있으며, 각자의 판단에 의해서 이번 시작되는 부동산 시장의 조정 내지는 하락을 전제로 한 매수를 생각해 볼 수 있습니다. 이제부터 매수한다면 어떤 선택을 해야 하는지 살펴보겠습니다.

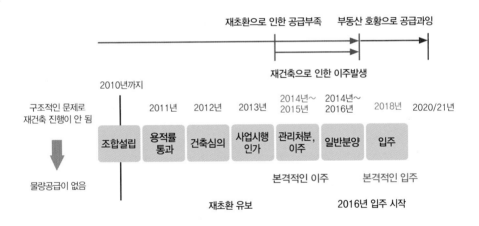

등산하면서 정상을 밟는 일만 목표로 하면 나중에 "이 산이 아닌가 보다", 라는 결론이 나는 순간 자신이 살아온 삶이 허무하고 아무것도 아닌 자괴감에 빠지게 됩니다.

올라가면서 꽃도 구경하고 다른 사람들과 수다도 떨면서 그 과정 자체를 즐기다 보면 나중에 자신이 목표했던 정상이 아니었다고 하더라도 행복해하며 자신의 삶은 훌륭했으며 더할 나위 없이 좋았다고 말할 수 있을 것입니다. 부동산도 이와 크게 다르지 않은 것 같습니다.

부동산을 투자와 돈만 목표로 하면 피곤하고 초조해질 수밖에 없는데, 끝없는 욕망과 빠르게 돈을 벌고 싶은 욕심이 수반되는 투자는 한 번씩 오는 조정기를 볼 수 없게 눈을 가리게 됩니다.

그렇기 때문에 오랫동안 관심을 가지고 과정을 즐기면서 쉬는 법에 익숙해져야 합니다.

같은 산을 가도 사람에 따라 감동과 경험의 크기가 다를 수밖에 없습니다. 그 경험은 개인이 쌓아 놓은 하나의 업처럼 독특하고 자신이 아니면 아무도 만들 수 없는 것이기에 성공과 실패 여부를 떠나 하나하나 소중히 관찰하고 즐겨야 합니다.

10번 산을 정복했다고 자랑할 일이 아니고 단 한 번 산에 올랐더라도 다녀오는 과정이 정말 행복했다고 말하며 자신의 삶을 꾸리다 보면, 어느새 10번이 모두 행복해지고 행위의 결과는 어느새 내 삶과 무관해지게 됩니다.

투자할 준비가 되어 있는 것도 중요하지만 쉴 준비가 되어 있는 것은 더욱 중요합니다.

정상 정복은 목표가 아니라 보너스 같은 것.
잘못된 길이라도
과정이 행복하면 상관없다.

5장

향후 부동산 시장, 이렇게 대응하라

당분간 부동산 시장은 매매와 전세가 하락국면으로 진입하게 될 것입니다. 이를 전제로 어느 정도 충분한 하락이 이루어진 후 매수하고자 할 때 어떤 관점에서 시장을 지켜봐야 할지 살펴보겠습니다.

부동산 매수의
원칙

2018년 이후 부동산 시장이 입주물량, 금리인상, 대출규제로 인한 압박으로 다주택자들이 매도를 시작해 침체국면으로 진입하면, 그동안 성급하게 끌어다 쓴 호재들이 오히려 악재로 바뀌면서 시장은 가라앉을 것입니다. 여기에 더해 전세가격까지 하락하면서 사실상 시장은 희망이 안 보이는 국면으로 접어들게 되고, 그때부터 천천히 매수관점에서 부동산을 쳐다봐야 합니다.

그런데 이런 사이클로 부동산 시장에 접근하더라도 몇 가지 원칙이 있어야 합니다.

1. 투자지역을 넓게 잡지 말고 최소화해서 앞으로 다가올 절대적

인 양극화에 대비해야 합니다.

2. 실거주자라면 원하는 지역의 입주물량이 본격적으로 쏟아져 나오는 시점과 정부에서 가격을 누르고 있는 일반분양 위주의 접근을 해야 합니다.

3. 투자자라면 좀 더 긴 호흡으로 시장을 지켜보며 정부정책이 최소한 규제는 아닌 시점을 지켜볼 필요가 있습니다.

4. 수익형 물건은 불황기에 주거용보다 타격이 심하게 오기 때문에 경매에 관심을 가져보는 것이 좋습니다.

5. 상승기에는 매도자 우위 시장으로 단지별, 동별, 층별로 선호하지 않는 물건도 비싸게 사야 하지만, 하락기에는 매수자 우위 시장으로 큰 가격차이 없이 선호도 높은 물건을 골라서 매수할 수 있는 기회라는 점에서 지역, 단지, 동, 층까지 차별화해서 매수에 임해야 합니다.

이러한 원칙을 세우고 나서 매수에 나선다면 이제 세부적으로 어떤 점을 고려하고, 어떤 지역에 투자해야 하는지 살펴보겠습니다.

 부동산 매수에서 가장 중요한 3가지

부동산 시장의 큰 흐름에 대해서 그동안 이해했다면 이제부터 정말 하고 싶은 얘기를 해보려고 합니다.

"부동산 매수를 고려하고 있다면 가장 고려해야 할 요소는 어떤 것이 있을까요?"

만약 어떤 분이 이런 질문을 했다면 서슴없이 "1. 매수시기, 2. 지역, 3. 단지"라고 답하고 싶습니다.

"그럼 그 중요도는 각각 얼마만큼의 비중으로 봐야 할까요?"라고 묻는다면 "매수시기 60%, 지역 30%, 단지 10%"로 비중을 말했을 것입니다.

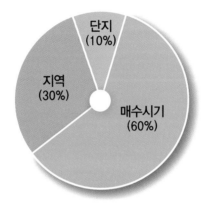

매수시기(60%)

매수할 때 그 중요도에 있어서 매수시기를 절반이 넘는 60%의 비중을 둔 이유는, 전체 부동산 시장이 움직이는 시기의 초입을 안다면 지역이나 단지에 상관없이 전체적으로 움직이기 때문에 특별히 이상한 물건이 아니면 대부분 혜택을 보게 됩니다.

시기적으로 상투인 2007년에 매수했다면 어떤 지역이나 단지를 선택해도 그리 좋은 선택이 아니었을 것입니다. 반대로 상승 초기인

2013년 말에 매수했다면 정도의 차이는 있지만 어떤 선택도 그리 나쁘지 않았을 것입니다.

지역이나 단지를 아무리 잘 선택한다고 하더라도 시기를 잘못 선택한다면 40점 수준의 투자밖에 되지 않기 때문에 부동산은 전체적인 흐름과 시기를 선정하는 것이 투자의 처음이자 끝이라고 봐도 무방해 보입니다.

지역선정(30%)

두 번째 항목인 지역선정의 경우 30%의 비중을 두었는데, 지역을 고르는 일은 그다지 어려운 일은 아니라고 생각합니다.

왜냐하면 과거 시대별로 주도권을 가졌던 지역의 흐름을 보면 단 하나의 공통점이 있습니다. 바로 '새 아파트가 집중적으로 많이 들어서는 곳'이라는 점입니다.

결국 지역선정은 크게 고민할 필요 없이 향후 새 아파트가 집중적으로 들어서는 지역만 골라도 절반은 성공하게 됩니다. 특히 재개발이나 재건축을 기반으로 하는 서울의 경우는 새 아파트 대부분이 일반분양과 함께 나오게 되고, 일반분양의 효율적인 자금운영은 시장을 끌어올리는 상승동력으로 작용하게 되므로 일반분양이 집중되는 지역일수록 투자 관점에서 효율이 뛰어날 것입니다.

단지(10%)

세 번째는 단지 선정인데, 이 역시 지역선정과 같은 흐름으로 볼 수 있습니다.

다만 이전과는 다르게 과거에는 주로 대단지 위주로 미래가치를 봤다면 이제 각 지역에서 빠르게 재건축되는 새 아파트 위주, 즉 같은 지역에서도 재건축 진행이 거의 마무리 단계에 와있거나 확실한 입주가 정해진 새 아파트 단지를 골라야 합니다.

경험상 재건축 단계에서는 사업시행인가 이후부터 관리처분 이전까지 매수하는 것이 위험도 많이 제거되고 가격상승률도 커서 가장 이상적인 시점이며, 그 이후에는 어느 때든 매수해도 크게 상관없다고 할 수 있습니다.

재건축은 단계가 하나씩 진행될수록 가격이 상승하기 때문에 초기에 들어가서 기다려야 수익이 크며, 일반분양을 마친 단지들은 이미 시세를 뽑았다, 라고 알고 있는 것이 과거의 경험이라면, 이번 시즌 재건축에서는 상당히 다른 모습을 보였습니다. 오히려 입주한 단지들의 상승세가 더 두드러진 모습을 볼 수 있었는데, 현재까지는 대단지 선호도가 반, 새 아파트 선호도가 반이라고 하면 새 아파트를 선호하는 경향은 앞으로 더 두드러지고 가팔라질 것으로 보입니다.

이에 대해서는 다음에 설명할 '최근 매매의 트렌드'에서 다시 한 번 이야기하겠습니다.

매수 트렌드를
읽자

매수시점을 결정했다면 다음으로 지역과 단지를 결정해야 하는데, 이를 위해서는 최근 변하고 있는 부동산 매수 트렌드를 살펴볼 필요가 있습니다.

트렌드가 의미 있는 것은 이 정보들을 통해서 지역 선택이나 지역 안에서의 단지 선택 그리고 세부 물건 선정의 기초적인 바탕이 되면서, 부동산 시장의 큰 흐름과 맞물려야 효과가 극대화되기 때문에 관심 있게 살펴볼 필요가 있습니다.

1. 새 아파트 시대
2. 부익부 빈익빈

3. 소형선호 추세

4. 노후준비와 월세시대의 서막

 **새 아파트 시대**

불과 얼마 전까지의 일이지만 어머니 세대에서는 자신의 삶을 희생할수록 투자 성공 확률이 높았습니다. 삶의 질을 희생한다는 말은 낡은 집에 거주한다는 의미로, 낡은 집일수록 재개발이나 재건축의 확률이 높아지기 때문입니다. 그에 비해 새 아파트의 경우에는 이미 재건축 단계를 거치며 시세를 뽑았고 낡아가면서 가격이 떨어질 일만 남았다는 것이 일반적인 시선이었습니다.

최근 들어 눈에 띄게 두드러지는 현상 중 하나가 더 이상 30~40세대뿐 아니라, 50대의 젊은 분들이 자신의 삶을 희생하며 돈을 버는 일에 동의하지 않는 경향이 강해지고 있으며, 이 추세는 시간이 갈수록 점점 더해질 것으로 예상됩니다.

과거에는 내 자식을 위해서라면 이까짓 낡은 집에서 사는 것이 뭐가 대수랴?, 라는 생각이 지배했다면, 최근에는 '내가 조금이라도 젊을 때 내 예쁜 자식들과 함께 새집에서 쾌적함과 안락함을 누리며 살고 싶다'는 것이 대세로 떠오르고 있습니다.

새 아파트가 들어서면 그때부터 가격이 하락한다거나 새 아파트가 들어서고 나서 2년이 최고가!, 라는 말이 얼마 전까지 있었던 점을 생각하면 불과 몇 년 사이에 일어난 일이라 격세지감이 아닐 수 없습니다.

엄마들의 선호도가 이렇게 바뀌다 보니 새 아파트의 가격추이는 과거와 전혀 다른 모습을 나타냅니다.

단계별로 재건축이 진행될수록 가격이 상승하는 것이 정설이었다면, 일반분양 단계에서는 더 이상 가격이 오르지 않거나 상승폭이 줄어야 함에도 오히려 입주시점부터 가격이 더 오르는 것이 최근 현상입니다.

이런 현상은 위에서 언급한 새집에 대한 선호도가 강해지기 때문인데, 특히 서울 도심이 전체적으로 낡아가면서 상대적으로 새 아파트의 비율이 적고, 강남의 경우는 희소성과 삶의 질에 대한 갈망이 더 강한 것에 그 원인이 있습니다.

진행이 느린 초기 재건축들이 단계마다 가격상승을 기대하는 것이 아직까지는 틀린 얘기라고 할 수 없지만, 최근의 몇몇 사례에서 보면 각 지역별로 대장주 역할을 하는 새 아파트가 꼭지 시세를 찍어주지 않으면, 진행이 느린 재건축 단지에서 시세를 뿜을 수 없는 사례를 여러 경로로 볼 수 있었습니다. 향후 각 지역별 대장시세는 과거처럼 재건축 단지가 찍어 주는 것이 아니라 새 아파트가 찍어주게 될 것입니다.

 **새 아파트의 가치는 계속될 전망**

최근 새 아파트에 대해 과거와는 확연히 다른 평가가 나오기는 하지만 새 아파트에 대한 가치평가는 아직까지 반쪽에 불과하며 끝나지 않았습니다.

왜냐하면 앞으로 다가올 조정시기에 새 아파트는 더욱 더 진가를 발휘할 것이기 때문입니다.

재건축이 진행단계별로 가격이 오르는 것에 반해서 이번 상승장에서는 특정 지역이나 재건축 진행과 상관없는 대형 단지들도 큰 폭의 상승을 기록했는데, 상승이유는 여기가 재건축되면 가격이 얼마나 비싸지겠는가?, 라는 기대감 때문이었습니다.

그동안 상승장에서 실질적인 재건축 진행이 없었음에도 추후 가치를 보며 반영된 기대감은, 향후 조정장에서는 재건축 초과이익환수제를 비롯한 각종 규제로 인해 재건축 진행의 불안감 등이 확산되며 기대감이 꺼지고 현실에 반영될 것입니다.

반면 낡은 아파트 비율이 늘고 있는 현실에서 새 아파트는 가격이 내리면 내리는 대로 주거만족도를 생각하는 매수대기 실수요자가 받치고 있기 때문에, 새 아파트는 조정장에서 상대적으로 덜 하락함으로써 자신의 나머지 반쪽 가치를 이제부터 증명할 것으로 생각합니다.

'새 아파트의 시대는 끝이 아니라 이제부터 시작입니다.'

 **부익부 빈익빈**

우리가 원하든 원하지 않든 세계적인 추세도 그렇고 우리나라도 마찬가지로 부익부 빈익빈이 더욱 강화되고 있습니다.

선진국의 사례를 보더라도 특별한 입지의 부동산은 지역적인 공급의 한계가 있다는 특성 때문에, 고수익자들이 선호하는 지역은 탄탄한 매수세와 강세가 유지되고 있다는 점은 더 이상 언급이 필요 없을 정도입니다.

특히 조정국면이 물량증가와 인구감소의 예고편 성격으로 오고 있는 시점에서 보면, 분산되어 있는 투자는 철저하게 똘똘한 한 채로 옮겨져야 한다고 몇 년 전부터 지속적으로 강조해 왔습니다.

신도시와 서울 외곽에서 서울 안쪽으로, 서울에서도 핵심 지역으로, 그리고 핵심 단지로…. 그동안 넓게 잡았던 포커스를 앞으로는 최대한 보수적으로 옮겨 놓을 필요가 있습니다. 이런 입지의 부동산은 주식에서 내릴 때는 가장 늦게 내리고, 오를 때는 가장 먼저 오르는 블루칩과 같은 역할을 하게 될 것입니다.

2011년~2014년 통계에서 보면

이자소득
상위 10%가 벌어들인 이자소득은 전체의 91.3%

근로소득
상위 10%가 전체의 75.4%

세금을 기준으로 보면 종합부동산세
상위 10%가 87.7% 납부

소형선호 추세 그리고 노후준비와 월세시대의 서막

소형선호 추세와 노후준비·월세시대의 서막은 같이 묶어서 살펴봐야 할 필요가 있습니다. 1인 가구 증가로 인한 소형선호 추세에 대해서는 더 이상 언급할 필요가 없을 정도입니다. 이제 생산활동인구는 은퇴세대의 증가 쪽으로 이동하고 있습니다.

과거 부모님 두 분이서 50평, 60평의 큰집에 거주했다면, 더 이상은 부모님 세대와 50~60세대들은 큰 집에서 거주하기를 원하지 않습니다. 불확실한 노후를 위해 본인들이 거주할 만한 작은집 한 채와 임대소득을 올릴 수 있는 작은집 한 채 정도를 원하는 것이 대부분입니다.

이런 추세는 더 거세질 것이고 시기와 정책, 그리고 최근처럼 갭투자가 증가하면 일시적으로 전세 비중이 높아질 수도 있지만 큰 흐름으로 보면 월세 비중이 가파르게 증가할 것입니다.

우리나라 인구 고령화 추이 및 전망

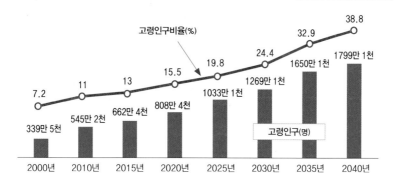

자료 : 통계청

실거주는 사용자의 편의와 형편에 맞춰서 평형을 선택하면 되지만, 투자용으로 집을 매수한다면 철저하게 소형으로 선택할 필요가 있음을 1인 가구의 증가 수가 보여주고 있습니다.

소형화 추세가 계속됨에 따라 앞으로 대형이 부족해지기 때문에 다시 대형의 시대가 온다고 생각할 수도 있지만, 이는 각 지역의 대장 아파트 몇몇 단지에 국한될 가능성이 크고, 전체 흐름은 소형화로 더 가파르게 갈 것이며 지금은 84㎡도 크다는 느낌이 있습니다. 시장이 좋을 때는 대형 평형도 없어서 못 팔겠지만 언제나 부담 없이 매수·매도할 수 있는 평형대를 선택하는 것이 현금화에 유리하며, 메인 강남권의 경우에도 40평에 방 4개 구조까지가 가격탄력성을 유지하고 그 이상이 되면 다소 무거울 수 있습니다.

연간 전월세 거래량 및 월세 비중(전국 기준)

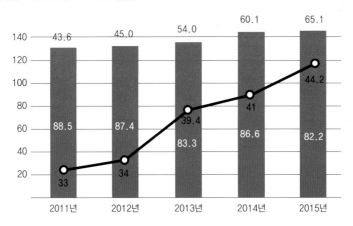

■ 전세(건)　　■ 월세(건)　　— 월세비중(%)

지난 몇 년간의 저금리 기조와 부동산 시장의 호황으로 인해 수익형 물건에 대한 관심이 늘어 소형 빌딩이나 상가 등은 큰 폭의 상승세를 기록했습니다. 소형 빌딩과 상가의 가격 방향성은 금리기조와 맞물려 있어서 향후 금리인상이 얼마나 가파르게 진행되는지 여부에 따라서 운명이 좌우될 것으로 생각합니다. 상가는 입지에 따라 워낙 변수가 많기 때문에 이미 충분히 설명했던 금리기조를 참고하는 선에서 마무리하고, 이번에는 오피스텔을 살펴보겠습니다.

오피스텔의 수익률은 지난 몇 년간 지속적으로 하락하며, 2015년 6월 5.6%에서 2017년 6월 기준 전국 평균은 5% 초반대 수익률을 기록했으며, 2019년에는 5% 이하로 떨어졌는데, 이렇게 수익률이 떨어지는 가장 큰 이유는 뭐니뭐니 해도 입주물량의 증가를 원인으로 볼 수 있습니다.

오피스텔 수익률

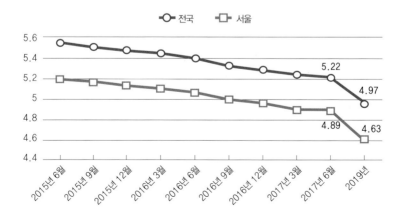

215

오피스텔 수익률이 아직까지 의미 있었던 이유는 무엇보다도 저금리 기조를 들 수 있습니다. 예금금리가 1% 중반대에 있는 상황에서 5%가 넘는 수익률은 예금금리의 3배 이상이 가능했기 때문이라고 할 수 있는데, 이런 추세가 계속될지 향후 입주물량을 한 번 살펴보겠습니다.

다음 표는 2010년~2019년까지의 오피스텔 입주물량입니다.

오피스텔 입주 물량 추이

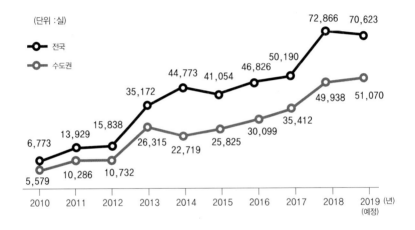

위의 그래프에서 재미있으면서도 의미 있는 결과를 볼 수 있습니다.

흐름으로 보면 아파트 입주물량과도 유사한데, 이는 부동산 시장이 침체를 겪으면 입주물량이 줄어들고, 부동산이 상승기에 접어들면 아파트나 오피스텔 모두 공급이 증가한다는 일반적인 시장의 법칙을 예외없이 따르고 있습니다. 오피스텔 입주물량 추이는 2010년에서 2012년 수도권 기준으로 1만여 세대가 공급되며 지속적으로 증가하였고, 2016년에는 3만 세대, 2017년에는 3만 5,000세대가 입주하였으며, 그리고 2018년과 2019년에는 입주 예정 세대가 각각 5만 세대에 이를 정도로 공급이 지속적으로 증가하고 있습니다. 전국의 경우도 크게 다르지 않은 지표를 보이고 있으며, 이 물량이 의미하는 바는 향후 오피스텔의 수익률이 지금보다 훨씬 가파르게 하락할 가능성을 보여주고 있습니다.

이제 앞으로 금리가 상승추세로 방향을 잡은 상황이기 때문에, 금리는 상승하고 수익률은 떨어지는 상황에 직면해 있는 것입니다.

이런 흐름은 예금금리가 2% 초중반 대만 되도 오피스텔의 타격이 불가피해 보이는데, 기준금리가 한 번 더 상승하면 이런 예금금리가 올 것이고, 반대로 오피스텔 수익률은 5% 이하로 계속 떨어지게 될 것입니다. 더구나 수익률의 경우 통계에는 잡히지 않았던 공실이나 중개수수료, 보유로 인한 각종 비용을 감안하면 이제 오피스텔의 타격은 시간문제로만 보입니다.

기타 다른 수익형 물건의 경우도 개별적인 특성들이 있겠지만, 전체 시장의 측면에서 보면 상가나 빌딩도 몇 년간 좋았던 시장에서 건설사들의 공급이 따르게 되고, 그에 따른 수익률 저하가 예상되는 반면 금리는 상승 수순에 있다면, 이는 단순히 오피스텔만의 문제는 아니고 정도와 시간의 차이만 있을 뿐 수익형 물건 전체를 묶어서 보는 시각이 필요해 보입니다.

아파트 규제가 심해짐에 따라서 수익형 물건으로 투자금이 몰리는 풍선효과가 생길 것이라는 기사들을 보면서 아주 위험한 논리전개라고 생각합니다.

풍선은 약하게 누르면 풍선효과가 나지만 세게 누르면 터지기 때문인데 큰 흐름, 즉 내가 서 있는 지점에 어떤 압력이 가해지고 있는가에 대한 각성이 수익형 부동산을 보는 시작이자 끝이 될 것입니다.

다음 부동산 시즌에 관심 가져볼 만한 지역

지금까지 부동산 시장에 대한 흐름과 향후 방향성, 그리고 매수한 다면 매수시점과 지역, 단지를 선택하는 비중과 매수 트렌드까지 종합적으로 살펴봤습니다. 이제는 좀 더 내용을 구체화해서 앞으로 조정을 전제로 매수하게 된다면 어떤 곳을 선택해야 하는지, 관심을 가질 만한 지역을 살펴보겠습니다.

매수시점에 대해서는 '입주물량으로 인한 강한 하방 압력이 나올 경우 새 아파트 위주로 매수유효', '관심지역이 정해져 있다면 입주물량이 가장 많은 시점'이란 기본 원칙을 가지고 지역을 살펴보겠습니다.

먼저 관심지역으로 다음 지역을 중점적으로 설명하고자 합니다.

하지만 이렇게 일률적으로 장기적인 비전으로 추천했다고 하더라도, 중기적으로는 입주물량에 따라 매수시점과 매수목적이 달라질 수 있다는 점을 유의하였으면 합니다.

1. 반포지구

2. 개포지구

3. 강남역 인근 재건축 5개 단지

4. 청담동, 삼성동 인근

5. 용산 한남뉴타운, 성동 전략정비구역

6. 제주, 세종

7. 신도시상가(위례상가)

8. 베트남

그럼 한곳씩 살펴보겠습니다.

 **반포지구**

강남에서도 핵심 지역을 꼽으라면 압구정동, 반포, 대치동을 꼽을 수 있습니다. 그런데 압구정동이나 대치동은 전체적으로 재건축 진행이 미진한 반면, 반포권역의 가장 큰 매력은 이미 10여 개 단지들이 입주를 시작했거나 확정되어 있으며, 이주단계에 있는 대형 단지

들이 많아서 새 아파트들이 가장 빠르게 많이 생긴다는 점입니다.

특히 압구정동이나 대치동이 재건축 초과이익환수제나 정부의 각종 부동산 규제의 부활로 인해 재건축 시점을 언급할 수 없는 상황에서 낡은 아파트 거주에 대한 스트레스가 가중되고 있다는 점을 고려하면, 이미 10개 단지 입주가 확정되어 있으며, 대규모 이주단계에 있는 아파트 단지가 계속 나오고 있다는 점에서 반포의 가치는 새삼스레 언급할 필요가 없을 것 같습니다.

재건축 초과이익환수제가 2006년 9월~2012년 12월 31일까지 있었던 무려 6년 3개월이란 기간 동안 빌라 몇 개 단지를 빼고는 어떤 아파트 단지도 재건축 초과이익환수제의 벽을 넘지 못했다는 점에서, 이번에 설명할 단지는 재건축 초과이익환수제를 피한 단지들로만 구성했으며 나머지 단지들은 재건축 시즌2의 큰 흐름이 다가오는 때에 관심을 갖는 것으로 하겠습니다.

2016년 입주 아크로리버파크, 래미안신반포팰리스

반포의 걸출한 대장주인 아크로리버파크는 빠르게 진행한 재건축들의 세대수가 600~800여 세대인 것에 비해서 유일하게 1,608세대의 차별화된 세대수와 고급화된 커뮤니티로 반포, 그리고 더 나아가서는 강남의 대장주 역할을 하는 단지입니다.

관리처분신청을 함으로써 재건축 초과이익환수제를 피한 대형 단지들이 향후 건축심의와 사업시행인가, 관리처분 변경과정에서 아직 변수가 남아 있다는 점을 고려하면 아크로리버파크의 대장주 역할이 장기화될 가능성은 점점 커지고 있습니다.

래미안신반포펠리스는 844세대 규모로 지하철 3호선 잠원역 주변 초역세권이라는 점이 강점입니다. 신동초등학교와 신동중학교가 위치해 있는 등 탄탄한 학군 수요가 마련되어 있고 잠원동에 고등학교가 유치될 경우 최대 수혜단지가 될 가능성에 주목해야 합니다.

2018년 입주한 아크로리버뷰, 신반포자이, 반포래미안아이파크, 반포푸르지오써밋

600~800세대 규모의 중규모 아파트 단지들로 2018년에 입주하면서 반포의 위상을 한 단계 업그레이드 시킬 단지들입니다.

완벽한 한강조망권을 가진 아크로리버뷰, 뉴코아 등 백화점 생활권과 트리플 역세권인 고속버스터미널 전철역까지 도보로 이용이 가능한 단지인 신반포자이, 학원가에 아이를 보내는 부모심정으로 큰 길을 한 번만 건너게 할 수 있는 반포래미안아이파크와 반포푸르지오써밋이 들어섬으로써 2018년까지 반포에는 총 6개의 새 아파트 군이 들어서게 됩니다.

센트럴신반포자이(신반포6차)와 반포우성

반포권역 전체에서 교통의 핵심 단지를 꼽으라면 센트럴신반포자이, 반포우성, 신반포4차를 들 수 있습니다. 이 중에서 신반포4차의 재건축 시기를 아직 알 수 없기 때문에 상대적으로 센트럴신반포자이와 반포우성의 입지는 강남 전체를 통틀어서도 빛나는 입지입니다.

이미 일반분양을 마친 센트럴신반포자이와 이주를 마친 반포우성은 아크로리버파크와 비슷한 행보를 걸을 잠재력이 충분한 단지들입니다.

특히 2019년 일반분양 예정인 반포우성은 무주택자라면 관심을 가지고 바라봐야 합니다.

신반포리오센트, 디에이치반포

이외에도 차세대 대장주 압구정동과 접해 있는 신반포리오센트와 서초법원단지의 특별 수요가 받쳐주는 디에이치반포가 입주하면 총 10여 개의 새 아파트 단지가 반포에 들어서게 되며, 이들의 입주와 함께 반포의 위상을 분명하게 알리는 계기가 될 것입니다.

삼호가든3차의 새 이름인 디에이치반포도 정부가 분양가를 누르고 있는 상태이기에 일반분양은 지속적인 관심대상으로 두고 살펴봐야 합니다.

이후 소개할 단지들은 2017년 말 재건축 초과이익환수제의 부활을 앞두고 빠른 진행으로 관리처분신청을 한 단지들로 재건축의 가장 큰 걸림돌인 재건축 초과이익환수제를 피했다는 강점이 있지만, 2017년 재건축 진행과정이 일상적으로 볼 수 없는 빠른 진행으로 내부적인 의견수렴 과정이 미비했다는 점에서 향후 진행과정을 더 지켜보며 대응해야 하는 단지이기도 합니다.

특히 2017년 말까지 관리처분신청 일정을 지키기 위해 시공사와 공동사업시행카드를 사용함으로써 시간을 단축한 단지들의 경우는 현재까지는 장점만 부각되어 있지만, 시장이 하락국면으로 바뀌면 재건축 진행 일정에 차질을 줄 수도 있다는 점에서 진행과정을 더 지켜볼 필요가 있습니다.

공동사업시행방식

건설사가 시행사인 조합의 도급을 받아서 시공하는 것이 기존의 방식이라면 공동사업시행방식은 조합과 건설사가 공동으로 사업을 시행하는 것입니다. 건설사가 금융권에서 사업비를 조달하고 사업시행인가와 관리처분인가 등을 함께 진행해서 도움을 받을 수 있는 장점이 있는 반면, 사업불확실성이 크고 재건축으로 얻은 수익을 건설사와 나눠야 한다는 단점이 있는 사업방식입니다.

신반포15차, 신반포14차, 신반포13차

673세대 중규모로 15차의 입지는 전통적으로 반포동에서 선호도 높은 입지이며, 일반분양의 수량이 많아서 관심을 가져야 할 단지입니다. 다만 일반분양을 후분양으로 전환했기 때문에 시간이 걸리겠지만 아크로리버파크의 명성을 고스란히 이어받을 단지이기도 합니다.

신반포14차는 279가구, 신반포13차는 346가구의 소형 단지이기는 하지만 신축의 절대수요가 부족하며 이주수요가 대기하고 있는 반포권에서 새 아파트의 선호도는 계속 증가할 것으로 보이고, 소형인 만큼 주민들의 의견수렴이 쉽기 때문에 대형 단지보다 진행이 빠르다는 점에서 큰 장점이 있습니다.

신반포3차, 경남, 23차 원베일리 통합단지

3,000여 세대에 이르는 대규모 단지로 현재 이주를 마쳤으며, 공동사업시행을 택하지 않은 단지라는 강점이 있고, 세대규모가 워낙 크기 때문에 이주로 인한 영향과 신규 단지가 되었을 때 아크로리버파크와 시세를 주고 받으며 시너지를 일으키며 영향력을 행사할 수 있는 단지입니다.

단지 아직까지 정부에서 일반분양 가격을 HUG의 보증을 통해 누르고 있는 후분양으로의 변경 가능성과 일반분양가 조정으로 인해 늘어나게 될 추가부담금과 대세하락이 단지에 미치는 영향을 끝까지 놓치지 않고 체크해야 할 필요가 있습니다.

구반포주공 1,2,4주구, 잠원4지구

각각 5,000여 세대와 4,000여 세대에 이르는 대단지로 완공된다면 각 지역에서 랜드마크의 역할을 충실히 할 수 있는 단지들로 향후 건축심의와 사업시행인가 변경가능성 여부를 체크하며 향후 진행과정을 여유있게 바라볼 필요가 있는 단지들입니다.

아파트	재건축 단계	시공사	세대수	입주시기
아크로리버파크	입주	삼성건설	1,612	2016
래미안신반포팰리스	입주	대림산업	844	2016
신반포자이	입주	GS건설	607	2018
아크로리버뷰	입주	대림산업	595	2018
반포푸르지오써밋	입주	대우건설	751	2018
반포래미안아이파크	입주	현산, 삼성	829	2018
래미안리오센트	입주 예정	삼성건설	475	2019
신반포센트럴자이	일반분양	GS건설	781	2020
반포디에이치	일반분양 예정	현대건설	835	2021
반포우성	이주 예정	롯데건설	597	2021
신반포15차	관리처분인가	대우건설	673	
3차, 경남통합	관리처분신청	삼성건설	2,971	
신반포13차	관리처분신청	롯데건설	346	
신반포14차	관리처분신청	롯데건설	279	
구반포주공 1, 2, 4주구	관리처분신청	현대건설	5,335	
잠원4지구	관리처분신청	GS건설	3,685	

 개포지구

대치와 맞닿아 있는 개포는 입지에서 대치보다 불리하다는 평가를 받고 있음에도 불구하고, 대치의 재건축이 재건축 초과이익환수제의 부활로 인해 시점을 정할 수 없다는 점에서 상대적으로 7개 단지 1만 7,000여 세대에 이르는 대규모 상전벽해로 인해 장기적으로 시장을 주도할 가능성이 돋보이는 지역입니다.

유의할 점은 장기적으로는 지역을 이끌어 나가는 비전을 볼 수 있지만 중기적으로는 한꺼번에 많은 단지들의 재건축이 동시다발적으로 진행되다 보니 물량부담이 크다는 것을 들 수 있습니다.

또한 물량부담이 개포만의 문제가 아니라 2018년 말 송파의 헬리오시티 9,510세대 입주와 2019년 강동의 대규모 입주 등과 맞물려 있기 때문에 이들의 입주가 주는 영향을 동시에 지켜봐야 하며, 매수한다면 입주물량이 부담되는 시점을 노려볼 수 있습니다.

특히 개포의 경우 기존 세입자들이 다시 돌아오지 못하는 환경이기 때문에 새로운 고가를 형성한 입주시장에서 한 번도 경험해 보지 못한 일들이 생길 수 있다는 점을 염두에 두어야 하며, 매수시점을 어떻게 잡느냐에 따라서 수익률에 큰 차이가 나게 될 것입니다.

2018년, 2019년 입주하는 래미안루체하임, 개포블레스티지, 개포아너힐스

어느 지역이든 2013년부터 시작된 재건축 시장에서 일반분양을 먼

아파트	재건축 단계	시공사	세대수	입주시기
래미안루체하임	입주	삼성건설	840	2018
개포블레스티지	입주 예정	삼성건설	1,957	2019
개포아너힐스	입주 예정	현대건설	1,235	2019
래미안강남포레스트	입주 예정	삼성건설	2,296	2020
디에이치자이개포	일반분양	GS/현대건설	1,996	2021
개포그랑자이	일반분양	GS건설	3,256	
개포1단지	관리처분인가	현산/현대건설	5,040	

저 한 단지들은 입주시점이 빠르기 때문에 각 지역에서 대표성을 가질 수 있으며, 실거주자와 실거주를 원하는 사람들의 비율이 많다는 점에서 긍정적이고 중기적인 조정을 전제로 시기를 볼 수 있습니다.

디에이치자이개포

기존 공무원 단지였던 개포 8단지는 조합원이 없어서 전체 1,996세대 중 1,690세대가 일반분양을 하게 되며 전철역과의 접근성으로 인해 2018년 가장 많은 이슈를 끌어낸 관심 단지입니다.

개포지구 아파트 용적률과 건폐율

(단위 : %)

단지명	용적률	건폐율
디에이치자이개포(개포8단지 재건축)	336	28
래미안강남포레스트(개포시영 재건축)	250	20
개포래미안블레스티지(개포2단지 재건축)	250	18
디에이치 아너힐즈(개포3단지 재건축)	250	19
개포주공1단지	250	19
개포주공4단지	250	19

정부에서 계속되는 부동산 규제대책으로 HUG의 보증으로 분양가를 3.3㎡당 4,160만 원으로 책정했기 때문에 분양시점에서 주변시세 대비 가격으로는 로또로 불리우며 높은 경쟁률을 기록하기도 했습니다.

다만 디에이치자이개포의 용적률과 건폐율은 각각 336%, 28%로 인근 개포지구의 재건축 아파트는 물론이고 서울에서도 좀처럼 찾아볼 수 없는 용적률과 건폐율로, 시장이 좋을 때는 아무런 영향을 미치지 않겠지만 시장이 꺾일 때는 단점으로 부각될 수 있다는 점을 염두에 두어야 하며, 그런 단점이 최대로 부각되는 시점을 매수기회로 삼을 수 있습니다.

래미안강남포레스트, 개포그랑자이, 개포1단지
대규모 단지라는 강점 때문에 지역적인 랜드마크로 부상할 수 있

228

는 장점이 있는 반면에, 대규모 단지는 대규모 물량을 수반한다는 점과 앞에서 나온 단지들이 계속해서 입주를 쏟아낸 상태에서 나오는 것이라서 입주시점의 물량부담에서 자유로울 수 없습니다.

부동산 상승기에는 장점만 보이고 하락기에는 단점만 보이기 때문에, 대형 단지만이 가질 수 있는 커뮤니티와 폭발력이 부동산 상승기에 맞물린다면 그 파괴력은 상상을 넘어설 것이고, 침체기와 맞물리면 물량에 대한 부담이 개포의 어느 단지보다 커질 수 있습니다.

이들 단지의 매수시점은 서두르지 말고 앞에 입주하는 단지들의 수요와 공급의 밸런스를 지켜보면서 결정하는 것이 좋습니다.

강남역 인근 재건축 5개 단지

강남권에서는 강남역 독수리5형제로 불리우는 래미안에스티지, 래미안에스티지S, 서초우성1차, 무지개아파트, 신동아아파트로 강남역 인근의 상업, 업무, 거주지역이라는 복합적이면서도 특수한 수요기반을 가지고 있습니다.

이 지역은 향후 43,438㎡에 이르는 롯데칠성부지와 35,316㎡의 코오롱 용지의 개발계획과, 교통으로는 강남역 – 신사역에 이르는 신분당선 연장 등의 개발호재가 대기하고 있으며, 강남역 인근의 탄탄한 배후수요가 받쳐주고 있다는 점과 5개 단지 5,000여 세대의 새 아파트들이 집중적으로 몰려서 낼 수 있는 시너지를 주목해야 합니다.

아파트	재건축 단계	시공사	세대수	입주시기
래미안에스티지	입주	삼성건설	421	2016
래미안에스티지S	입주	삼성건설	593	2018
서초우성1차	일반분양	삼성건설	1,317	2020
무지개아파트	입주 예정	GS건설	1,618	2020
신동아아파트	일반분양	대림산업	1,356	

래미안에스티지, 래미안에스티지S

재건축 이외에 공급방법이 없는 강남은 아파트가 하루가 다르게 낡아가고 있다는 점에서 어느 지역이든 처음에 입주하는 단지는 세대수가 적다는 단점이 있어도 관심 있게 쳐다봐야 합니다. 특히 시장이 조정기에 들어가면 재건축 진행이 일정보다 늦어지거나 어려워진다는 점에서 다음 재건축 시즌이 올 때까지는 주식으로 치면 블루칩과 같은 역할을 하게 될 것입니다.

래미안리더스원(서초우성1차)

강남역 5개 단지에서 규모와 브랜드, 시기 등을 종합해 보면 지역에서 대장주 역할을 할 것으로 보입니다. 송파, 개포, 강동의 입주물량과 맥을 같이 하는 흐름 측면에서 강남권 입주물량이 집중되는 시기부터 관심을 가질 수 있습니다.

무지개아파트, 신동아아파트

강남역 5개 단지 프로젝트는 각각 1,000세대가 넘어서는 무지개 · 신동아아파트가 들어서면서 지역적인 시너지가 발생하며 완성하게 됩니다. 고려할 점은 시장이 상승장일 때는 사업시행인가 정도면 재건축 진행에 대해 낙관해도 되지만 시장이 꺾이게 되면 이주도 믿어서는 안 된다는 점을 유의해야 하며, 이것은 무지개 · 신동아아파트만의 문제가 아니고 모든 지역에 해당하는 일이기도 합니다.

청담동, 삼성동 인근

지하철 7호선 인근의 청담동과 삼성동이 다른 지역과 차별화되는 점은 이 지역만 특별하게 선호하는 매니아층이 있다는 것입니다. 또한 새 아파트 공급이 현재 시점으로 보면 한정되어 있기 때문에 새 아파트를 찾는 꾸준한 수요로 인해 앞으로도 수요와 공급의 밸런스가 잘 유지될 수 있는 지역입니다.

청담동, 삼성동 인근에는 총 5개 단지가 재건축되는데, 청담삼익을 제외하고는 중소형 단지라는 점이 눈에 띕니다.

아파트	재건축 단계	시공사	세대수	입주시기
코오롱린든그로브	입주	코오롱건설	114	2017
삼성동센트럴아이파크	입주	현대산업	416	2018
상아2차	일반분양예정	삼성건설	679	
청담삼익	관리처분인가	롯데건설	1,230	
청담홍실	관리처분신청	대림산업	457	

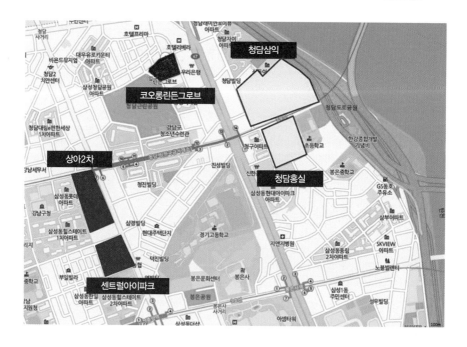

　이렇게 지역적으로 몇 개의 단지가 재건축될 때 그 효과가 최대화
되기 위해서는 반드시 시세를 낼 수 있는 대장단지가 있어야 하고, 그
역할을 대단지에 강변 조망권을 가지고 있는 청담삼익이 해주었을
때 가장 멋진 그림이 나오는 지역입니다.

　그런데 청담삼익이 2017년 11월 관리처분인가를 받기는 했지만 일부 상가 소유주들과의 법적 분쟁에 휘말리며 아직은 진행 여부를 좀 더 지켜봐야 하는 상황입니다. 때문에 차선으로 청담홍실의 진행 여부를 지켜보며 판단하고, 매수시점은 강남권 전체의 물량이 흔들리면서 청담삼익이나 청담홍실의 진행 여부가 보다 확실해지는 시기를 노려볼 수 있습니다.

 ## 한남뉴타운 · 성수전략정비구역

재개발 지역으로 용산구의 한남뉴타운과 성동구의 성수전략정비구역을 향후 관심 지역군으로 선정했습니다. 이들 지역은 모두 큰 폭의 하락을 전제로 한 매수관점으로 봐야 합니다.

재건축은 입주시점을 본다면 재개발은 이주시점과 입주시점을 모두 주목해야 한다는 점에서 재건축과는 약간 차이점이 있습니다.

재개발의 장점은 재건축과는 다르게 초과이익환수제의 규제를 안 받는다는 점입니다. 그 이유 때문에 강남 재건축이 막히자 풍선효과가 생기며 재개발이 일시적으로 주목받았지만, 결국 부동산 시장의 흐름이 꺾이게 되면 전체적으로 하락이 불가피해 보입니다.

재개발이 재건축과 달리 이주시점을 주목해야 하는 이유는 최근 정부의 대출규제로 인해 LTV가 40%선까지 내려와 있는 데다가, 다주택자는 거의 모든 경로의 대출이 막혀 있는 상태이기 때문입니다. 재건축 대상인 아파트는 감정가가 실거래가와 비슷한 반면 재개발은 감정가가 실거래가에 훨씬 못미치기 때문에 DTI, LTV가 낮아지게 되며 상대적으로 낮은 감정가에 40%를 적용하면 아파트에 비해 대출금액이 훨씬 작아지게 됩니다.

특히 단독주택은 대지지분이 커서 투자할 경우 많은 현금이 소요되기 때문에 매수자의 수가 제한되고, 세입자들이 많은 경우 이주시점에 낮은 감정가격으로 평가된 대출금액을 가지고 세입자 보증금을 돌려주고 이주까지 해야 하는 어려움이 생기게 됩니다.

결국 구조적인 진행에 어려움을 초래하여 현재 나와 있는 계획들이 뒤로 밀리거나 난항을 겪으면서 조정의 폭이 재건축보다 상대적으로 더 커질 수밖에 없습니다. 바꿔서 얘기하면, 현금을 가진 매수자 입장에서는 이런 시기를 선택해 보다 방어적 입장에서 매수하는 것이 가능하며, 문제가 생길 가능성이 큰 이주시점을 쳐다보는 전략을 선택해야 합니다.

 ## 용산구 한남뉴타운

용산은 대형 이슈들이 워낙 많은 곳이어서 설명이 필요 없을 정도이지만 그 중에서도 단군이래 최대 사업으로 불리는 용산역세권 개발이 2013년 무산 이후 재가동된다는 점 때문에 많은 기대와 관심을 끌어왔습니다. 이 프로젝트는 개발 비용만 약 31조 원으로 용산 철도정비창 부지(44만 2,000㎡)와 서부이촌동 일대(12만 4,000㎡)를 관

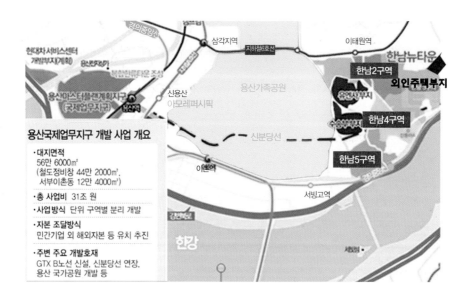

광·IT(정보기술)·문화·금융 비즈니스 허브로 조성하는 사업입니다. 현재 서울시에서 집값상승으로 인해 정부와 보조를 맞추며 발표 시기를 늦추고 있지만, 결국에는 용산공원 개발이라는 재료와 함께 용산을 강남과 어깨를 같이 할 수 있는 동력을 심어주게 될 것입니다.

풍부한 용산의 호재 중심에 있는 한남뉴타운의 가장 큰 강점은 서울 어느 지역이나 빠르게 갈 수 있는 서울의 한복판을 차지하고 있는 입지와 강남에서 강을 조망하려면 북향이 되어야 하지만 강북에서는 진정한 강조망권이 남향이라는 점에서 의미를 둘 수 있습니다. 특히 인근에서 벌어지고 있는 개발사업은 다음과 같습니다.

외인주택부지(나인원한남)

한남동 외인아파트 부지(대지면적 약 5만 9,182㎡)는 부동산 전문투자회사인 대신에프앤아이가 6,242억 원에 매입하여 용적률 144%, 지하 3층~지상 최고 9층의 9개동 335가구(전용면적 205~274㎡)를 짓는 주택건설사업을 계획중입니다.

유엔사부지(일레븐건설)

유엔사부지는 일레븐건설이 입찰에 참여해 1조 552억 원의 최고가를 써내 최종 낙찰자로 선정됐으며, 전체 면적 5만 1,753㎡ 중 공원과 녹지, 도로 등 무상 공급면적을 제외한 4만 4,935㎡를 개발하는 계획으로 용도는 상업지로 용적률 600%, 건폐율 60%를 적용받게 됩니다. 이를 적용하면 유엔사부지에는 전용면적 85㎡ 초과 공동주택 최대 780가구를 포함하여 오피스텔, 판매시설 호텔 등이 들어설 수 있게 됩니다.

수송부 부지, 캠프킴 부지

캠프킴 부지와 수송부 부지는 2017년까지 일률적으로 정해진 입지규제에 구애받지 않고 지역 맞춤형 도시개발이 가능하도록 건축물의 용도, 높이, 건폐율, 용적률 등 제한사항을 완화하여 50층 이상의 복합단지로 개발될 예정이었습니다.

하지만 캠프킴의 경우 아직 명확한 미군기지의 이전계획이 나오지 않았으며 대체 공간이 마련된다고 해도 시간이 걸릴 것으로 보이

며, 수송부 부지의 경우도 캠프킴 개발에 맞춰 개발계획을 세운다는 방침 때문에 지금으로서는 개발에 있어 시간이 지연될 것으로 예상됩니다.

하지만 이들 부지개발 역시 시간의 문제로 한남뉴타운 인근에서 지속적인 개발 호재로 작용할 것이며, 이미 매각한 외인주택부지와 유엔사부지 등의 매각가가 높았다는 점에서 분양가를 낮출 수 없다는 점 등이 인근의 가격을 지지해주는 지지선으로 작용할 것입니다.

 **성수전략정비구역**

성수전략정비구역은 다음 사항에 주목해서 봐야 합니다.

1. 압구정동과 바로 맞은편에서 남향으로 한강을 조망할 수 있고,

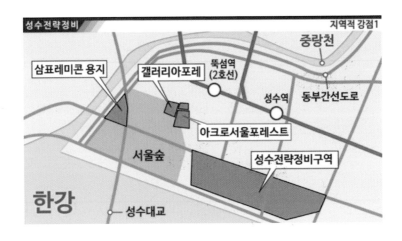

2. 서울의 중심 입지에 있으며 주변 개발계획이 많다는 점,

3. 성동구 지역의 최대 숙원 사업이었던 삼표레미콘 용지의 철거가 확정되었으며,

4. 이와 연계해 생활여건의 개선으로 최고급 주상복합아파트인 '서울숲갤러리아포레'와 2017년 분양한 '아크로서울포레스트'와 시너지를 주고받을 수 있다는 점에서 성수전략정비구역은 한남뉴타운과 마찬가지로 주목해야 하는 지역입니다.

특히 성수전략정비구역은 서울시의 2030플랜으로 대부분 지역의 최고 층수가 35층 이하로 묶인 반면 50층을 허용한 유일한 지역이라는 점에서 관심을 가져야 합니다.

가장 중요한 포인트로는 성수전략정비구역 4개 구역 중에 현재 4구역의 속도가 건축심의를 신청한 상태로 가장 속도가 빠른데, 서울시에서 이곳의 최고 층수를 허용하는지 여부를 주목해야 합니다. 지

구분	사업단계	면적(m²)	건립규모(가구)
①1지구	조합설립인가	194,398	2,909
②2지구	추진위	131,980	1,907
③3지구	추진위	114,193	1,852
④4지구	건축심의	89,828	1,540

난해부터 정부의 재건축 압박이 강화되며 고층 건물 건립 규제도 심화됐기 때문에 강남과의 형평성을 고려하고 있는 서울시 입장을 끝까지 확인해야 합니다.

만약 4구역이 고층으로 허가가 난다면 다른 구역도 관심을 기울여야 하며 인근의 갤러리아포레, 트리마제와 대림아크로포레스트 등과 함께 고층 아파트 지역으로서의 시너지 등이 기대되는 지역입니다.

4구역을 제외한 다른 구역들은 아직 계획, 시행준비 단계에 있기 때문에 매수시기는 장기적인 시점으로 접근하고, 주의할 점은 지난 시장에서처럼 재개발의 진행속도를 과거 3, 4년을 기준으로 보면 커다란 시점 차이가 생길 수 있습니다.

성수전략정비구역은 충분한 시간을 가지고 확인하되 지역에는 주목해야 한다는 관점입니다.

부동산 기사를 어떻게 읽어야 하나

부동산 기사를 읽다 보면 여러 가지 생각에 빠지게 됩니다. 대부분의 기사들이 논조와 방향성을 먼저 설정해 놓고 쓰다 보니 웃지 못할 일도 많이 벌어집니다. 예를 들면, 거래가 침체되고 부동산이 전반적으로 침체하고 있다는 기사를 쓰고 싶어서 섭외를 했는데 실제로는 거래가 많이 되거나 가격이 올랐다고 하면 자신들이 원하는 대로 말해달라고 원고를 주거나, 전체 줄거리는 거래가 잘된다는 말이었는데 그 중에 일부 내용을 편집해서 자신들이 설정한 내용으로 사용하는 경우가 종종 있었습니다. 애초에 말한 의도가 왜곡될 수 있다는 사실을 알고 나서는 언제부터인가 인터뷰 하는 것을 거절하게 되더군요.

오늘은 그런 사례를 몇 개 꼽아서 '부동산 기사 바로 보는 법'을 살펴보겠습니다. 대표적인 왜곡 사례로는,

1. 같은 팩트를 가지고 전혀 상반된 내용을 뽑아내는 기사
2. 보고 싶은 부분을 사용해서 전체를 확대하는 기사
3. 분양이나 단지 소개에서 조심해야 할 기사

이렇게 3가지 정도를 들 수 있습니다. 먼저 같은 팩트를 가지고 전혀 상반된 내용을 뽑아내는 기사로는 거래량 관련 기사에 이런 내용이 가장 많

습니다.

예를 들면, 아래의 그래프는 2017년 8월부터 12월까지의 거래량입니다. 12월의 거래량을 가지고 어떤 기사는 '아파트 시장 거래량 대폭발! 10월 대비 2배 가까이 거래량 늘어!!!' 이렇게 쓸 수도 있고, 다른 기사는 "아파트 시장 침체 어떻하나? 곡소리 나는 거래침체, 8월 대비 반토막" 이렇게 상반된 내용으로 기사가 나올 수 있습니다.

모두 거래량이라는 팩트에 기인한 것이지만 내용은 완전히 상반될 수 있다는 점에서 읽는 사람이 중심을 잡지 못하면 기사의 의도대로 휘둘릴 수 있기 때문에 주의가 필요합니다.

서울 월별 아파트 거래량 추이

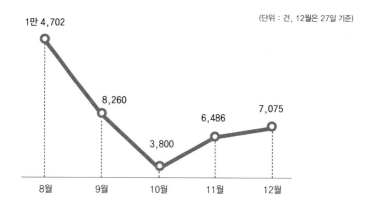

(단위 : 건, 12월은 27일 기준)

자료 : 서울부동산정보광장

두 번째는 전체를 외면하고 보고 싶은 부분만을 사용해서 사실을 왜곡하는 정보들이 있는데, 이런 정보들이 억측에 가까울수록 상투의 조짐이라고 볼 수 있습니다.

어떤 기사에서 연간 아파트 분양물량이 감소하고 있어서 공급부족이 우려된다는 기사가 있었습니다.

내용인즉 2015년 52만 가구에서 2016년 45만 가구, 그리고 2017년에 37만 가구로 분양가구 수가 줄고 있다는 내용입니다. 수치만 보면 줄고 있는 것이 맞지만 연평균에 대한 언급을 생략하고 있습니다.

실제로 3개연도 모두 평균치의 1.5배 이상을 분양한 사실은 뽑아내는 기간인데, 기준점을 최고치를 기록한 2015년과 2016년을 기준으로 분양물량이 줄고 있다는 정보를 제공하는 것입니다.

또한 재건축 초과이익환수제로 공급이 줄어든다는 기사들도 대표적인 사례로 볼 수 있습니다. 재건축 초과이익환수제로 공급이 줄어드는 것은 사실이지만 부동산 호황기에 이미 준비된 입주물량이 많다는 내용은 삭제하고 있습니다. 입주물량이 정리되는 시점에서 나와야 할 얘기를 미리 끌어다 쓰는 경우라서 사실이지만 시점이 맞지 않는 내용입니다.

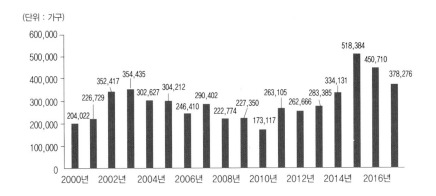

(단위 : 가구)

이런 상황은 고등학교도 갈지 못 갈지 모르는 상황에서 대학 걱정하고 있는 것과 크게 다르지 않아 보입니다. 중학생이 지금 해결해야 할 현안은 고등학교 입학이지 대학교 입학이 아니기 때문에 주의가 필요합니다.

마지막으로 분양기사나 단지소개 관련 기사입니다.

분양의 경우 경험적으로 보면 그나마 완판되는 경쟁률을 기본적으로 10대 1 이상이 되어야 완판이 가능합니다. 사실 20대 1 이상이 나왔음에도 완판이 못 되는 경우를 많이 봐왔기 때문에 당시 분위기에 따라서 더 낮은 경쟁률로 완판되기도 하고 더 높은 경쟁률로도 실제 계약율은 50%에도 못 미치는 경우가 허다합니다.

그런데 청약을 해서 청약 경쟁률이 잘 나온 이후에도 단지에 대한 자랑이 계속 뉴스로 쏟아지는 경우에는 주의해서 봐야 합니다. 이 말은 바꿔서 생각해 보면 완판에 자신이 없다는 의미로 경쟁률이 잘 나왔을 때 관련 광고를 쏟아내는 것입니다. 그 이유는 혹시라도 미계약이 나올 경우 뒤에 계약할 사람을 대기시키기 위해서 계속 광고하는 경우가 대부분이기 때문입니다.

또한 모델하우스 몇만 방문 소식이라든가 특정 단지에 대한 거래를 소개하면서 마지막에 특정 중개업소가 나오면 이런 정보는 기사로 보기보다는 광고로 인식해야 합니다.

제주와 세종(지방)

지방에서는 제주와 세종, 두 지역을 꼽을 수 있습니다.

제주는 중국이 다소 부침을 겪을 가능성이 크지만 장기적으로는 아직 개발 잠재력이 크다는 점에서 그 혜택을 볼 수 있는 지역이며, 세종은 향후 개헌으로 인한 혜택과 행정수도의 완성형이 된다는 측면에서 장기적인 성장이 기대되는 도시입니다.

'부동산=인구'라는 측면에서 보면 제주와 세종은 강한 조정이나

시도별 인구 이동 현황

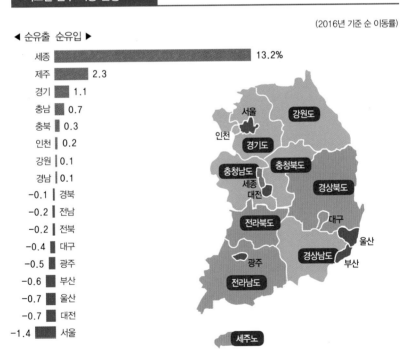

(2016년 기준 순 이동률)

◀ 순유출　순유입 ▶

지역	순 이동률
세종	13.2%
제주	2.3
경기	1.1
충남	0.7
충북	0.3
인천	0.2
강원	0.1
경남	0.1
경북	-0.1
전남	-0.2
전북	-0.2
대구	-0.4
광주	-0.5
부산	-0.6
울산	-0.7
대전	-0.7
서울	-1.4

투매시, 그리고 부동산 정책의 변화를 눈여겨보면서 지속적인 관심을 가져야 할 지역입니다.

제주도

사드로 인해 중국인들의 발길이 끊기면서 제주도 투자는 끝났다고 말하는 전문가들이 늘어나고 있습니다.

실제 통계자료를 봐도 이들의 얘기가 헛된 것이 아님을 증명하고 있습니다. 중국인들의 투자가 급격히 줄었고, 그동안 호황으로 인한 각종 규제와 주택시장은 공급과잉으로 미분양이 늘면서 한동안 침체가 예상되고 있으며, 실제 집값 상승세도 마이너스로 돌아선 상태입니다.

그럼에도 불구하고 장기적으로 제주는 아직 가능성이 있는 곳이며 지속적인 성장 여력이 충분한 곳입니다.

중국과 가깝기 때문에 사드로 인해 중국인들의 발길이 뜸해지기는 했지만 결국 시간이 해결해 줄 것이고, 향후 중국이 단기적인 부침을 겪을 가능성이 크기는 하지만 장기적인 관점의 성장세를 감안한다면 아직 만개한 꽃으로 보기에는 이른 측면이 있습니다.

특히 중국 경제가 최근 여러 경고음을 내고 있는데 우리의 조정기와 중국의 위기가 겹치면서 제주에 대한 희망이 퇴색하고, 그로 인해 토지 매수에 대한 외지인의 규제가 풀어진다면 그때는 적극적인 매수 가담시점이 되리라고 생각합니다.

제주는 연간 10% 이상 지속적으로 증가하는 관광객 수와 각종 개

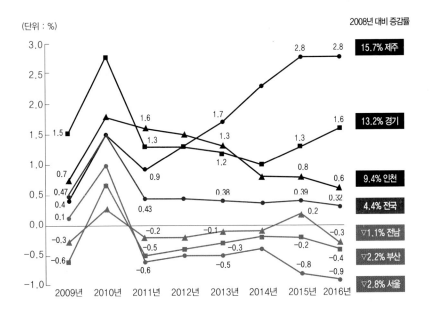

(단위 : %)

2008년 대비 증감률

15.7% 제주

13.2% 경기

9.4% 인천

4.4% 전국

▽1.1% 전남

▽2.2% 부산

▽2.8% 서울

발계획 추진으로 투자자금이 유입되면서 일자리가 늘고 있고, 그로
인한 인구유입도 꾸준히 증가하고 있으며, 제주 신공항 등 각종 인프
라 증가로 면적이 서울보다 3배는 크지만 인구는 아직 60만 정도라
는 점을 생각하면 개발잠재력은 앞으로도 기대할 만하다고 할 수 있
습니다.

다만 제주 부동산에 투자할 경우 다음 2가지는 고려해야 합니다.

1. 당분간 주택에 있어서 수요와 공급의 밸런스가 깨져 있기 때문
에(공급과잉) 장기적인 관점에서 접근해야 합니다.

246

2. 주택보다는 특히 토지에 관심을 가질 필요가 있습니다. 지난 몇 년간 호황으로 인해 외지인의 토지구입이 막혀 있지만, 앞으로 조정 시점에는 이런 규제들이 다시 풀릴 가능성이 있기 때문에 규제들이 풀리는 시점을 기준으로 토지에 관심을 가져볼 만합니다.

세종시

참여정부가 세종시를 설계했다면 이번 정부는 세종시를 실질적으로 발전시킬 것이며, 다음 정부가 세종시의 방점을 행정수도 완성으로 찍게 될 가능성이 있습니다. 이는 세종시에 장기적이고 강한 호재로 작용하게 될 것입니다.

지방에서 거의 유일하다시피 세종시가 투기과열지구와 투기지역

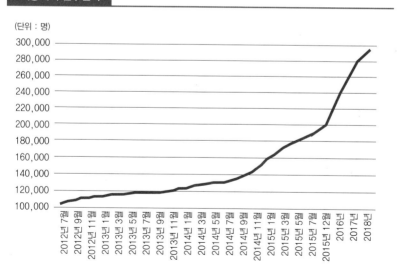

세종시의 인구변화

(단위 : 명)

으로 묶인 이유는 역설적으로 그만큼 가능성 있다는 말로 볼 수 있으며, 장기적으로 세종시의 완성을 꿈꾸는 포석에 대한 준비를 미리 해두어야 합니다.

단지, 세종시의 개발 가능성에 희망을 둔 많은 투기자금이 몰리면서 이미 과열을 빚었고, 이번 대책 때 공무원이 많다는 특성 때문에 임대등록이 어렵고, 세무조사 등의 정부정책에 민감하게 반응하는 특성 때문에 어려움을 겪고 있지만, 역설적으로 그런 점 때문에 역시 하락기에 가장 눈여겨볼 지방 중 한곳으로 선정했습니다. 매수시기는 정부정책이 최소한 부동산 규제는 아닌 시점 정도에서 쳐다봐야 합니다.

 해외 부동산

해외 부동산 중에서 관심을 가질 만한 나라는 베트남입니다. 베트남은 인구 9,600만 명, 평균 나이 31세, 매년 5~7%의 꾸준한 경제성장률이 말해주는 역동성과 활동성 그리고 가능성이 있는 나라입니다. 마치 우리나라의 70년대에서 80년대의 모습을 보는 것 같은 느낌인데, 2015년 7월 이후 외국인에게 주택소유를 허용함에 따라서 지속적인 관심을 가지고 살펴봐야 할 나라입니다.

베트남

- 수도 : 하노이

- 인구 : 9,526만 명(2015년 통계청)

- 면적 : 330,341km (한반도 1.5배)

- 국가 GDP : 1,914억 달러

- 1인당 GDP : 2,190달러

- 최근 경제성장률 : 5~7% (태국, 인도네시아, 말레이시아, 필리핀보다 높음)

- 수출과 수입의 꾸준한 증가세

- 평균 나이 : 31세

베트남 경상 GDP와 경제성장률

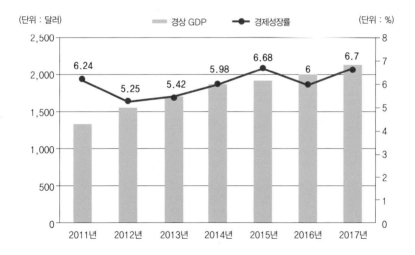

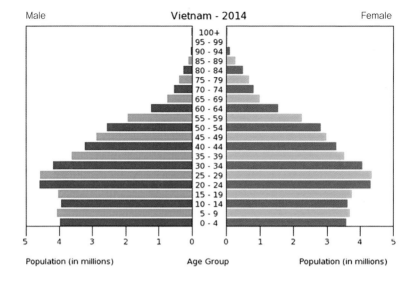

Male　　　　　　　　Vietnam - 2014　　　　　　　　Female

Population (in millions)　　　　Age Group　　　　Population (in millions)

　　연도별 외국인의 베트남 투자동향을 보면 꾸준히 늘어나는 추세입니다. 우리나라의 대 베트남 교역도 가파르게 증가하고 있습니다. 2009년 이후 우리나라의 투자규모는 일본, 싱가폴, 대만에 이어 4위를 기록할 정도로 많으며, 1988년~2016년까지의 누계를 보면 일본을 제치고 1위를 할 정도로 투자규모가 많은 나라이기도 합니다.

연도별 외국인의 대 베트남 투자 동향

구분　　　　연도	2010	2011	2012	2013	2014	2015	2016.11
신규 투자건수	1,237	1,191	1,287	1,530	1,588	2,013	2,240
총 투자금액	19,887	15,619	16,348	22,352	20,231	22,760	18,103

※총투자금액(단위 : 십만 달러)
자료 : 베트남 통계청, 베트남 외국인투자청(2016년 12월 직성기준)

2009년 이후 누적
74억 90만 달러
(1,467건)

2013년 상반기
7억 3,880만 달러
(218건)

1위 일본
2위 싱가포르
3위 대만
4위 한국

자료 : 베트남 투자청

베트남에 관심을 가져야 할 여러 가지 이유가 있지만 그 중에 가장 중요하게 손꼽을 수 있는 내용을 보면 다음과 같습니다.

1. 인구 9,600만 명, 평균 나이 31세의 역동적인 인구구조로 향후 풍부한 수요기반

2. 태국, 인도네시아, 말레이시아, 필리핀 등 아세아 5개국 중 가장 높은 경제성장률

3. 노동생산성에 비해 낮은 임금수준(한국의 1/10, 중국의 1/3)과 풍부한 노동력

4. 이로 인해 외국인 투자가 유입되며 글로벌 생산기지로 발돋움할 가능성

5. 도시화율이 아직 30%대에 머물고 있어서 향후 도시화 진행에 대한 기대감과, 교통이나 개발계획을 위한 인프라들에 대한 대규모

투자가 발생하면서 발전될 가능성

6. 중국과 지리적 인접성으로 인해 중국자본의 진출이 확대될 가능성

이 6가지에 주목할 필요가 있습니다. 그리고 향후 베트남 정부의 5개년 개발계획을 보면, 2016년~2020년까지의 GDP성장률을 6.5%~7%로 유지하고 물가상승률을 5% 이내로 유지함으로써 1인당 GDP를 3,000달러 중반선까지 올린다는 계획을 가지고 있습니다.

베트남 정부 5개년 개발계획

항목	2016년~2020년 계획
GDP성장률	6.5~7.0%
1인당 GDP	3,200~3,500(달러 기준)
물가상승률	5.0% 유지
주요 목표	거시경제 안정 유지, 인플레이션 억제, 현대적인 산업국가 등
당면 과제	− 농업생산력 극대화 및 제조&서비스산업 육성 − 인적자원개발과 과학기술발전 − 사회보장, 의료시스템 개선, 빈부격차 감소 − 대도시 중심 교통망 정비(도시화율 38~40%)

베트남 부동산의 특징은 과거에는 외국인들에게 주택소유를 허용하지 않았지만 2015년 7월부터 외국인에게 명의변경을 가능하게 하여 주택소유를 허락하였으며, 그로 인해 55개 프로젝트에 4만 2,000호가 착공에 들어가 있는 상태입니다.

베트남 부동산에 대한 개략적인 내용은 다음과 같습니다.

- 구입자격 : 여권
- 소유권증서 : 핑크북[아파트(50년+50년), 오피스텔(50년)]
- 양도가능, 3자 임대가능(수익률은 5~7% 선)

- 세금은 임대수익의 10%(5% 소득세 + 5% 부가세)
- 분양가 : 분양원가 + 부가세 10% + 유지보수충당비 2%
- 취득세 : 0.5%
- 양도세 : 매매가의 2%
- 증여세 : 없음(주택과 거주자에 한함)
- 재산세, 보유세 : 없음

베트남 부동산 투자의 리스크를 몇 가지 살펴보겠습니다.

1. 최근 금리인상 등으로 인한 글로벌 자산축소가 우려되고 있는데, 이 경우 개발도상국일수록 타격이 클 수 있다는 점,

2. 공산국가이기 때문에 국가 시스템의 안정성이 유지될지에 대한 고민과 성장 한계에 대한 우려,

3. 아직 자금에 대한 이해가 부족하기 때문에 금융기법을 이용한 거래는 기대하지 않아야 하며,

4. 임대 등이 생각보다 쉽지 않아서 공실률을 자연스레 받아들이는 분위기라는 것,

5. 아파트라고 하더라도 우리나라처럼 부동산 거래가 활발하지 않

기 때문에 매도가 쉽지 않아서 장기적인 계획을 갖고 매도해야 한다는 점,

6. 또한 물건을 소유할 경우 현지의 관리업체가 국내처럼 잘 운영할 수 있는 곳을 찾는 것이 쉽지 않다는 점,

7. 2015년 7월 외국인에게 소유를 허락한 이후 많은 프로젝트가 착공됨으로써 단기적인 물량부담이 있다는 점 등을 들 수 있습니다.

이런 리스크 중에서 글로벌 자산축소는 단지 베트남의 문제는 아니며, 단기적으로 프로젝트 증가로 물량부담이 있는 것은 매수자 입장에서 이를 긍정적으로 이용할 수도 있을 것입니다. 또한 현지 관리업체를 찾는 문제도 방법의 문제일 뿐 구조적인 문제로 보이지는 않습니다.

단지, 우리나라의 아파트 투자처럼 대출 등을 사용하는 금융기법의 활용이 어렵고 매매나 임대도 우리나라처럼 쉽게 생각하고 들어갔다가는 큰 낭패를 볼 가능성이 많기 때문에, 이에 대해서는 사전에 철저한 대비가 필요합니다.

이상으로 베트남에 대한 기회와 리스크를 살펴봤습니다. 이런 점들을 감안한 몇 가지 투자원칙을 제시하면 다음과 같습니다.

1. 철저하게 여유자금으로 임대수익 6~7% 정도로 접근하며 수익성에 목적을 두고, 경제성장의 수혜로 인한 시세차익을 보너스 개념으로 여유 있게 지켜볼 수 있는 자세가 필요합니다.

2. 금리인상으로 인한 세계경제 볼륨축소로 인한 외부충격에 대한

리스크를 감안하여 매수시기를 결정해야 합니다.

3. 명의변경이 가능한 것만 투자하며, 수익률보다는 성장가능성에 주목하는 투자방식이 필요합니다.

4. 중간에 부도위험을 방지하기 위해 가격이 비싸더라도 완공이 얼마 안 남은 1군 건설사 위주의 물건만 매수해야 합니다.

5. 철저하게 중심지와 향후 인프라 개발계획 위주로 최고급 아파트 단지의 소형 위주로 투자하는 전략이 유효해 보입니다.

IMF가 예측하는 국가별 향후 GDP 순위

베트남은 2050년까지 GDP 11배 성장 예상

GDP at MER rankings	2016 rankings		2030 rankings		2050 rankings	
	Country	GDP at MER	Country	Projected GDP at MER	Country	Projected GDP at MER
1	United States	18562	China	26499	China	49853
2	China	11392	United States	23475	United States	34102
3	Japan	4730	India	7841	India	28021
4	Germany	3495	Japan	5468	Indonesia	7275
5	United Kingdom	2650	Germany	4347	Japan	6779
6	France	2488	United Kingdom	3530	Brazil	6532
7	India	2251	France	3186	Germany	6138
8	Italy	1852	Brazil	2969	Mexico	5563
9	Brazil	1770	Indonesia	2449	United Kingdom	5369
10	Canada	1532	Italy	2278	Russia	5127
11	South Korea	1404	South Korea	2278	France	4705
12	Russia	1268	Mexico	2143	Turkey	4087
13	Australia	1257	Russia	2111	South Korea	3539
14	Spain	1252	Canada	2030	Saudi Arabia	3495
15	Mexico	1064	Spain	1863	Nigeria	3282
16	Indonesia	941	Australia	1716	Italy	3115
17	Turkey	830	Turkey	1705	Canada	3100
18	Netherlands	770	Saudi Arabia	1407	Egypt	2990
19	Saudi Arabia	638	Poland	1015	Pakistan	2831
20	Argentina	542	Netherlands	1007	Spain	2732
21	Poland	467	Iran	1005	Iran	2586
22	Nigeria	415	Argentina	967	Australia	2564
23	Iran	412	Egypt	908	Philippines	2536
24	Thailand	391	Nigeria	875	Vietnam	2280
25	Egypt	340	Philippines	871	Bangladesh	2263
26	Philippines	312	Thailand	823	Poland	2103
27	Malaysia	303	Pakistan	776	Argentina	2103
28	Pakistan	284	Malaysia	744	Malaysia	2054
29	South Africa	280	Bangladesh	668	Thailand	1995
30	Colombia	274	Vietnam	624	South Africa	1939
31	Bangladesh	227	Colombia	586	Colombia	1591
32	Vietnam	200	South Africa	557	Netherlands	1496

이상으로 강남과 재개발 지방, 해외에 이르기까지 관심을 가질 만한 지역에 대해 살펴봤습니다.

부동산이 뜨겁고 남들이 모두 관심을 가질 때 우르르 몰려다니며 일시적인 관심을 갖기보다는 오랜 기다림과 지속적인 관심으로 미리 준비해둔다면 베트남은 가능성에 있어서 당분간 가장 믿음직한 투자처가 될 것입니다.

재건축 시즌2 핵심 지역 이슈 진단
(압구정, 여의도, 목동, 대치)

다음에 언급하는 단지들은 '재건축 시즌2'를 기다리며 충분한 시간을 두고 지속적으로 관심을 갖고 바라봐야 하는 곳들입니다.

 압구정 재건축

재건축 시동을 걸고 있는 서울 강남구 압구정동은 정부가 안전진단의 문턱을 높이기 전에 대부분 안전진단을 통과했으며, 1만여 가구가 6개 특별계획구역으로 나눠 재건축 사업을 진행 중입니다.

현재 압구정동은 서울시와 최고 층수, 공공기여, 학교이전 등을 놓고 여러 가지 문제에 부딪히자 1대 1 재건축을 추진하려는 움직임을 보이고 있는데 잠시 1대 1 재건축에 대해서 살펴보겠습니다.

1대 1 재건축

1대 1 재건축은 주택 수 아닌 주택 크기 기준으로 재건축 이후 비슷한 크기의 새 아파트로 옮겨가는 것을 말합니다.

기존의 재건축에는 소형의무비율이 있기 때문에 기존 방식으로 재건축을 하면 중대형 비율이 높은 단지들은 많은 세대수가 집의 규모를 줄여서 가는 문제가 생기게 됩니다. 그래서 1대 1 재건축 방식을 선택해서 비슷한 규모의 새 아파트로 옮겨가는 선택을 할 수밖에 없습니다.

보통 1대 1 재건축을 채택하면 재건축 초과이익환수금에서 내는 재건축부담금을 줄일 수 있고, 임대주택을 안 지어도 된다고 생각하는 분들이 있는데, 실제로 이 방식은 재건축부담금과는 직접적인 상관이 없으며, 단지를 고급스럽게 지어 공사비가 많이 들어가면 개발비용이 늘어나서 부담금이 감소할 수 있는 효과를 보는 정도가 가능합니다.

임대주택의 경우도 1대 1은 임대주택을 짓지 않아도 되는 것이 아니고 용적률 완화 인센티브를 받으면 임대주택을 건립해야 하기 때문에 인센티브에 달려 있는 문제이지 1대 1 재건축 방식과는 상관이 없습니다.

보통 1대 1 재건축은 임대주택을 짓지 않아도 된다고 생각하는 이유는 이 방식을 적용한 이촌동 래미안첼리투스와 잠원동의 아크로리버뷰에 임대주택이 없기 때문에 오해를 하는 경우가 생깁니다. 하지만 이들 단지는 용적률 완화를 적용받지 않았기 때문에 임대주택이 없는 것이지 1대 1 재건축 방식을 택했기 때문이 아닙니다.

 ## 압구정의 3대 이슈

압구정 아파트지구 내 가장 노른자 땅이자 규모가 큰 압구정 3구역은 최근 '1대 1 재건축'을 내세워 사업에 속도를 낼 계획이지만, 이 방식을 사용하려면 기존의 정비계획이 모두 바뀌어야 하기 때문에 서울시와 마찰을 빚고 있습니다.

나머지 구역들도 비슷한 흐름을 가져갈 것이기에 현재 부각되고 있는 이슈를 살펴볼 필요가 있습니다.

현재 서울시에서는 압구정동과 청담동 일대를 지구단위계획으로 묶어 통합·관리하는 '압구정 아파트지구 지구단위계획'의 밑그림이 준비되고 있는데, 이 지구단위계획 이외에도 각 6개 구역별로 세부 정비계획안을 마련해야 하기 때문에 그 과정에서 계속 불거질 문제점들을 살펴보겠습니다.

각각을 구역별로 나누어 보면 다음과 같습니다.

1구역 : 미성1차, 미성2차

2구역 : 신현대9차, 11차, 12차

3구역 : 현대1차, 2차, 3차, 4차, 5차, 6차, 7차, 10차, 13차, 14차

4구역 : 현대8차, 한양4차, 한양6차

5구역 : 한양1차, 한양2차, 한양3차

6구역 : 한양5차, 한양7차, 한양8차

최고 층수

서울시는 2030플랜에 의해서 최고 층수를 35층으로 제한하고 있는데, 압구정 3구역은 1대 1 재건축을 하면서 지하철 3호선 압구정역 인근을 일반주거지역에서 준주거지역으로 종상향해 최고 45층(최저 15층·최고 45층) 높이로 사업을 추진할 계획을 가지고 있습니다.

이에 대해 서울시의 입장은 "각 구역별로 이미 정해진 자리에서 새로운 방식을 도입할 경우 구상해 놓은 단지 내 도로나 공원 위치 등 전체적인 개발 밑그림이 다 흔들리게 되고, 이는 결국 다른 단지에 피해를 입힐 뿐 아니라 잠실주공이나 대치은마와 같은 아파트와의 형평성 문제 때문이라도 35층을 넘기기는 어렵다"고 하고 있기 때문에 앞으로도 지속적인 이슈가 될 것입니다.

공원 조성

아파트 단지 내 역사문화공원 조성도 최대 쟁점 중 하나로 서울시는 공공기여(기부채납)를 목적으로 압구정 구현대아파트 뒤편으로 한강변에 바로 붙어 있는 최고의 입지에 역사문화공원을 조성할 계획인데, 주민들은 당연히 이런 좋은 알짜 부지에 공원이 들어서는 것을 좋아할 리가 없습니다.

그래서 서울시에 위치를 바꾸자고 제안했지만, 서울시에서는 의견을 받아들이지 않고 있어서 이 문제 역시 계속해서 부각될 것입니다.

학교 문제

서울시는 압구정 3구역 내에 있는 압구정초등학교를 성수대교 방면으로 300m 이전하는 계획을 세웠지만 주민들은 압구정초등학교를 원래 있던 자리에 존치해야 한다는 상반된 의견이 있습니다. 이 또한 다시 논의되어야 하는 이슈 중에 하나입니다.

사업규모나 입지로 봐도 남은 강남 재건축 단지 중 최고 알짜로 꼽히는 압구정동 일대는 이런 잠재적인 문제들을 지켜보며 다음 재건축 시즌이 도래할 때까지 어떤 형태로 언급한 문제들이 풀리고 있는지 살피면서 대응방식을 결정해야 합니다.

 ## 여의도 재건축

여의도는 금융 중심지인데다 한강을 끼고 있어서 재건축 블루칩으로 불리우는 지역임에도 불구하고, 이번 시즌 재건축 가격 상승에서 강남에 비해 소외된 대표적인 지역으로 꼽을 수 있습니다. 달리 말하면, 이번 시즌에 소외됐다는 점에서 상대적으로 가격경쟁력이 있기 때문에 다음 시즌 재건축에서는 눈여겨볼 지역이기도 합니다.

여의도는 강남, 광화문과 함께 3대 도심으로 지정돼 도심 상업준주거지역에서 50층 이상 초고층 개발이 가능하고, 일반주거지역도 복합개발을 할 경우에는 50층까지 높일 수 있기 때문에 35층을 적용받는 압구정이나 대치동보다 유리한 여건을 가지고 있기도 합니다.

하지만 눈여겨볼 부분은 서울시의 입장입니다. 서울시는 "여의도 역시 국제금융지역이라는 도심 성격에 맞는 시설을 마련해야 50층 재건축을 허용할 수 있다"고 말했기 때문에, 서울시 지구단위계획을 살펴볼 필요가 있으며 도심이라고 할지라도 서울시 지구단위계획에 부합하는 계획을 내놓아야 준주거지역으로 종상향이 가능한 곳이기도 합니다.

여의도는 다른 지역과 달리 신탁방식의 재건축이 주류를 이루고 있어서 신탁방식 재건축의 성공 여부가 여의도 지역 전체에 끼칠 영향이 큰 지역입니다.

조합에서는 신탁방식에 관해, 지긋한 나이와 그에 걸맞는 경험과 전문지식으로 무장해서 재건축 진행과 운영에 있어서 고급스럽게 조언을 해주는 시어머니를 찾는 것 같다는 시각이 있습니다. 하지만 현재까지 진행된 상황으로 보면, 결과는 돈 많이 쓰고 말 많은 시어머니를 한 분 더 모시고 살 수도 있다는 우려가 나오고 있습니다.

개인적으로 다음 재건축 시즌2에 여의도에 거는 기대가 큰데 신탁사와 잘못된 계약 그리고 잘못된 방식으로 소송으로 얽히거나 구조 자체를 꼬아놓게 되면 재건축 시즌2가 아니라 시즌3를 쳐다봐야 할 수도 있기 때문에 여의도 재건축은 신탁사들과의 진행과정을 관심 있게 지켜봐야 합니다.

신탁방식 재건축

신탁방식 재건축은 주민들이 설립하는 '재건축 조합' 대신 제3자인 신탁사가 시행을 맡아 재건축을 추진하는 방식으로, 단지 전체 소유주 75% 이상의 동의와 동(棟)별 소유주 50% 이상의 동의를 얻으면 신탁사를 시행자로 지정할 수 있습니다.

일반적으로 말하는 신탁방식의 장점은 빠른 재건축 진행이 가능하며 조합에서 운영하는 주먹구구식 운영을 탈피해서 많은 경험과 노하

우를 가진 신탁사를 통해 투명한 사업관리를 할 수 있다는 점을 들 수 있습니다.

대부분의 강남권이 신탁방식을 기피하는 것에 비해 여의도에 신탁방식 바람이 부는 이유는 아무래도 여의도에 금융사가 밀집해 있다 보니 신뢰도가 다른 지역에 비해 크다는 것을 이유로 들 수 있을 것 같습니다.

단점으로는 신탁사를 사용하는 비용이 든다는 것과 신탁사가 운영을 합리적으로 하지 않을 때 오히려 진행에 어려움이 생기고 함부로 신탁사와 계약을 해지할 수 없다는 점이 있습니다.

국토부에서 2016년 3월 신탁방식 재건축 제도를 도입한 이후, 여의도에서는 '신탁방식 부동산 붐'이 일었고 2016년 말 시범아파트를 시작으로 2017년에는 공작아파트, 수정아파트, 대교아파트 등 최근까지 6개 단지가 줄줄이 신탁방식을 채택했습니다.

여의도 재건축 추진 단지 현황

단지	준공연도	신탁사업자
공작아파트	1976년	KB부동산신탁
수정아파트	1976년	한국자산신탁
대교아파트	1975년	KB부동산신탁
시범아파트	1971년	한국자산신탁
광장아파트	1978년	한국자산신탁
한양아파트	1975년	KB부동산신탁(예정)

자료 : 각 난시 종합

신탁방식 믿어도 될까?

국토부에서 말하는 신탁방식의 장점이 '투명한 사업관리'와 '사업지연 최소화'의 2가지인데, 현재까지 진행과정을 보면 말한 대로 되지 않고 있음을 알 수 있습니다.

제일 먼저 조합원 96% 찬성으로 신탁방식을 택한 시범아파트의 경우, 처음 신탁사의 광고대로 재건축 초과이익환수제를 피하지 못했을 뿐 아니라 1년 4개월여의 시간이 지난 2018년 1월즈음에서야 영등포구청에 정비계획 변경안을 제출했기 때문입니다.

결국 사업지연 최소화의 약속이 지켜지지 않았고, 자금조달 금리를 처음부터 명시하지 않았기 때문에 시범아파트의 경우 신탁사에서 조합에 6,500억 규모의 사업비를 연 6% 금리로 조달하겠다고 통보함으로써, 현재 사업비용 조달금리 연 3% 중반대 금리보다 2% 이상이 높다는 것이 주민들의 주장으로 마찰을 빚고 있습니다.

이로 인해 여의도 재건축 단지와 신탁사 간에는 여러 파열음이 생기고 있습니다. 시범아파트에서는 신탁사가 최근 일부 주민을 상대로 소송을 냈고, 대교아파트는 KB부동산신탁이 자금조달에 따른 구체적인 이자율을 제시하지 않은 계약서를 제시하는 등의 문제로 50%를 넘어야 하는 동별 동의율이 예비 시행자 지정 1년이 지나도록 특정 동에서 20%대에 머물고 있습니다.

또한 수정아파트는 신탁방식 자체를 철회하는 방안을 검토 중이며, 광장아파트에서는 신탁사가 총 10개 동(棟) 중 8개 동만 따로 재건축하기로 하면서 나머지 2개 동 주민들이 반발하고 있는 상황입니다.

단지	신탁사	내용
시범아파트	한국자산신탁	신탁사가 미동의 주민상대 소송 제기
대교아파트	KB부동산신탁	일부 주민들 동의 거부
수정아파트	한국자산신탁	주민정비사업위, 신탁방식 중단 추진
광장아파트	한국자산신탁	10개동 중 8개동 분리 재건축, 주민 반발

여의도 주요 단지 재건축 추진 현황

단지명	기존 가구 수	재건축 방식	추진 단계	용도
시범	1790	신탁	정비구역 지정 변경 준비 중	3종 주거
공작	373	신탁	도시계획위 심의준비 중	상업
수정	329	신탁	도시계획위 심의준비 중	상업
서울	192	건축법에 의한 재건축	소유주에게 사업제안 준비 중	상업
광장	744	신탁	안전진단	3종 주거

 목동 재건축

목동은 1983년 목동지구 신시가지 개발계획이 나오면서 1988년 완성된 신시가지에는 14개 아파트 단지와 관공서·백화점·방송국과 각종 편의시설이 갖춰지며 주거지로서 인기를 끌기 시작했습니다.입지와 교통여건이 우수한 데다가 서울에서는 드물게 계획적으로 개발돼 주거환경이 뛰어나고, 지금은 대치동, 중계동과 함께 서울의 3대 학군 지역으로 성장한 지역입니다.

2017년 11월 양천구에서는 '목동 지구단위계획'에서 목동 1단지부터 14단지까지 재건축을 통해 5만 가구의 대규모 '그린 스마트시티'로 탈바꿈한다는 계획을 발표했으며, 14개 단지의 재건축 연한 30년이 2018년이기 때문에 연초 재건축에 대한 기대감으로 급격히 상승한 곳이기도 합니다.

강남 재건축 규제로 억눌린 부동산 시장의 관심이 목동으로 몰리면서 시장을 견인하려고 하자 정부에서는 재건축 연한을 40년으로 조정할 것 같은 뉘앙스를 주었습니다. 그런데 결국 재건축 연한을 늘리는 것을 포기하고 안전진단 강화로 결론을 내며 법률을 수정하였고, 안전진단을 신청하지 못한 목동 재건축은 다음 시즌을 기약하게 되었습니다.

하지만 냉정하게 보면 재건축 초과이익환수제가 부활해 있는 현재 시점에서 재건축 연한 30년이나 40년은 큰 의미가 없으며 반짝 아이템에 불과하다고 볼 수 있습니다.

목동의 관전 포인트는 서울시에서 2017년 4월부터 준비하고 있는 목동·상계 등 택지개발지구에 대한 관리 방안 용역이 확정된 후, 이 계획에 의해 목동지구단위계획이 확정되기 때문에 아직은 시간적인 여유를 가지고 지켜봐야 하고, 목동 1, 2, 3단지가 현행 2종 일반주거지역에서 3종 일반주거지역으로 종상향하는 문제가 서울시와 협의

되는 과정을 지켜봐야 합니다.

목동의 경우 다음 재건축 시즌2를 기대해 볼 만한 이유는 14개 단지가 집중적으로 몰려 있어서 시너지가 가능하며, 학군과 가격 면에서 준강남권의 기대치가 작용하기 때문입니다. 향후 안전진단 강화가 목동 재건축에 어떤 영향을 미칠지를 살펴보는 것이 목동 재건축의 핵심입니다.

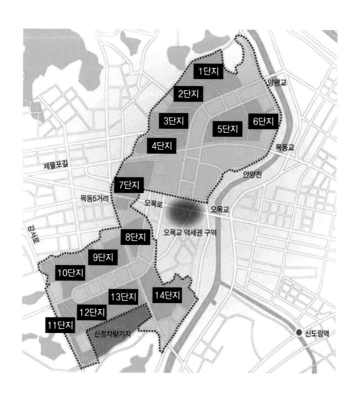

위치	단지	가구수	층수	준공연도	재건축 가능연도
목동	1	1882	5~15	1985	2015
	2	1640	5~15	1986	2016
	3	1588	5~15	1986	2016
	4	1382	5~20	1986	2016
	5	1848	5~15	1986	2016
	6	1368	12~20	1986	2018
	7	2550	5~15	1988	2016
신정동	8	1352	12~20	1987	2017
	9	2030	5~15	1987	2017
	10	2160	5~15	1987	2017
	11	1595	5~15	1988	2018
	12	1860	5~15	1988	2018
	13	2280	5~15	1988	2018
	14	3100	5~20	1988	2018

안전진단 강화

정부는 2018년 3월 5일부터 안전진단 강화방안을 시행했습니다.

이 방안은 재건축 안전진단 항목별 가중치에서 '구조 안정성'을 20%에서 50%로 올리는 대신 '주거환경' 항목을 40%에서 15%로 내리는 것으로 주거환경보다는 구조안정성을 강화하여 아파트의 구조적인 문제점에 배점을 높여서 사실상 재건축을 하기 어렵게 만들었습니다.

이로 인해 목동 재건축은 사실상 어려워졌으며, 다음 재건축 시즌을 준비할 때 안전진단 관련 법개정 여부를 재건축 초과이익환수제와 같이 지켜보며 이들 법령들이 바뀌는 것을 보면서 재건축시즌2를 준비해나가야 할 것입니다.

안전진단 평가 이렇게 바뀐다

	현행	개정
구조안전성	20	50
건축마감 및 설비노후도	30	25
비용분석(경제성)	10	10
주거환경	40	15

 대치동 재건축

대치동은 압구정동, 반포와 함께 강남의 핵심 지역으로 꼽히는 지역에 학군, 학원수요라는 독특한 기반을 가지고 있음에도 불구하고 재건축이 지지부진하다 보니 상대적으로 재건축이 본격화되는 개포에 비해서도 지난 몇 년간 주목도 면에서 멀어진 느낌이 있습니다.

이번 시즌에 래미안대치팰리스와 대치SK뷰를 성공적으로 안착시킨 대치동 재건축은 다음 순서로 쌍용 2차가 현재 사업시행인가 후 시공사를 선정했으며, 쌍용 1차가 2018년 10월 사업시행인가를 받았습니다.

그외 단지들은 아직 안전진단 통과 내지는 조합설립 단계에서 벗어나지 못하고 있어서 한 지역에서 여러 단지가 동시에 재건축이 진행될 때 시너지가 난다는 점을 고려하면 대치동 재건축 역시 큰 흐름은 다음을 기약할 수밖에 없습니다.

특히 개포의 준비된 물량이 2만 세대에 이르기 때문에 지역적으로 접해 있는 대치의 경우도 이 물량이 소화되는 시점 이후를 준비해야 하고, 다음 시즌에 가장 뜰 수 있는 단지의 판단 여부도 정부규제가 부양으로 바뀌는 시점 이후에 단지별 재건축 진행 여부를 보며 가장 앞서 나가는 단지 위주로 매수에 임해야 합니다.

이 시점이 오면 단지규모를 선택할 것이냐, 재건축 진행을 선택할 것이냐를 두고 혼란스러울 수 있는데 비슷한 진행단계라고 하면 당연히 대규모 단지를 선택해야 하지만, 진행에 차이가 많이 나면 재건축 시즌2가 아니라 또 다음 시즌으로 밀릴 수 있다는 점을 감안해서 진행 속도 위주의 과감한 선택을 해야 합니다.

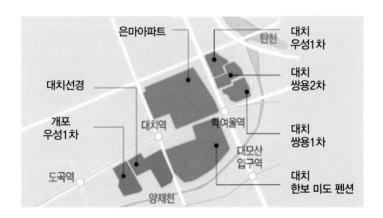

2019 부동산 시장의 테마 1
'상가'

 자영업 위기의 본질

그동안 꾸준히 나오던 자영업의 위기와 상가 공실에 대한 기사를 최근 모든 언론사에서 약속이나 한 듯이 쏟아내고 있습니다.

이런 이유는 최근 신도시 상가의 공실 문제가 심각해지면서 정부가 '상업시설의 공급과잉개선 방안을 검토중'이라고 공급과잉을 인정하면서 시장의 관심이 쏠리기 때문으로 보입니다.

단순히 상가의 이야기일 수도 있지만 내용을 잘 들여다보고 부동산 전반에 확대해 보면, 우리가 처한 부동산 시장 전체의 현실일 수도 있으며 경제에 대한 내용들이 얽혀 있기 때문에 "나는 상가는 계획 없어"라며 그냥 넘기지 말고 '위기=기회'라는 측면에서 살펴보길 바랍니다. 또 일반분양 이후에 별다른 대안을 제시하지 못했던 부동산 시장의 다음 테마가 '상가경매'가 될 수도 있다는 측면에서 관심을 가지고 끝까지 읽어보셨으면 합니다.

얼마 전 강남에 빌딩을 가지고 있는 지인을 만났습니다. 이런저런 이야기를 하다가 자영업에 대한 얘기가 나왔는데 제게 이렇게 묻더군요.

"요즘 제일 받기 싫은 전화가 뭔지 아세요?"

"글쎄요? 뭘까요?"라고 했더니,

"임차인한테 오는 전화에요. 나간다고 할까 봐서요."라고 하시더군요.

배부른 소리라며 웃어 넘기기는 했는데, 이런 류의 대화가 최근 종종 벌어지는 낯설지 않은 풍경이라는 것입니다.

임대인이 상가 하나만 가지고 있으면 단지 월세와 시간의 문제일 뿐, 어느 누군가가 세를 얻어가던 시대는 자영업의 환경이 어려워지면서 급격한 변화를 맞고 있습니다.

왜 이런 일이 벌어지게 된 것일까요?

 ## 기로에 선 자영업 환경

사실 살면서 한 번도 경기가 좋다거나 자영업자들이 장사가 잘된다는 얘기를 들어본 적이 없는 것 같기는 합니다. 그렇다 보니 최근 자영업자들의 살려달라는 절박한 목소리가 언제나 그래왔던 것처럼 핑계나 엄살은 아닐지?, 라는 생각이 먼저 드는 것은 사실입니다.

하지만 그전에 지난 몇 년간 부동산 가격상승으로 인한 지속적인 임대료 상승과 더불어 김영란법, 주 52시간 근무, 최저 임금의 가파른 상승 등의 영향으로 상식선에서도 매출은 줄고 지출은 늘어나는 상황에 직면해 있음을 감으로 아는 일은 그리 어려운 일이 아닐 것입니다.

자영업의 환경이 이렇게 어려워지다 보니 이 문제는 결국 부동산의 임대시장에 영향을 미치면서, 오피스와 오피스텔 상가의 공실률이 증가하거나 핵심 권역의 월세마저도 하락하는 모습을 보이고 있습니다. 그 원인을 지금부터 하나하나 이야기해 보겠습니다.

 ## 권리금의 두 얼굴

서울 지역의 권리금은 지난 몇 년 동안 3분의 1 수준으로 주저앉았습니다.

우리가 아는 권리금은 임대인 입장에서 가장 머리 아프고 피해야 할 일로 인식되어 있지만, 세상 모든 일에는 양면성이 있는 것처럼 아이러니하게도 임대시장을 받쳐주는 중요한 역할을 하기도 합니다.

어떤 의미인가 하면, 예를 들어서 어떤 임차인이 1익의 권리금을 주고 들어왔는데 장사가 안 돼서 적자가 나는 상황이라고 해보겠습니다.

매달 적자가 나는 상황이기는 하지만 1억이라는 권리금을 주고 들어온 세입자는 계약기간이 끝나도 좀처럼 장사를 접을 수 없습니다. 장사를 접는 순간 권리금 1억을 포기해야 하기 때문입니다.

그러니 월세를 몇 달 더 내더라도 권리금 조금 손해보고 넘기면 그편이 낫지 않겠나 싶어서 계약기간을 연장하게 됩니다.

임대인의 입장에서는 기존에 있던 세입자가 만기가 돼서 나간다고 하면 새로운 세입자를 찾을 때까지 공실기간의 손실도 감당해야 하고, 새로운 세입자를 구하려면 중개수수료도 내야 하는데, 높은 권리금으로 인해 임차인들끼리 알아서 새로운 세입자를 구해 놓으니 '권리금이란 제도는 높을수록 임대인에게 유리한 제도다'라는 착각마저 듭니다.

이런 역할을 하는 권리금이 주저앉는다는 의미를 현실적으로 보면, 권리금 1억일 때는 울며 겨자 먹기로 적자를 보면서도 계약을 연장하고 장사를 하던 임차인이, 권리금이 3,000만 원이 되면 장사를 유지하는 것이 나을지 이번 만기 때 나가는 것이 나을지 주판알을 두들겨보기 시작하는 시점이 된다는 것입니다. 권리금이 더 낮아질수록 만기 때 미련 없이 나갈 것이기 때문에 일정시점 이후 공실률이 급격히 높아질 수 있음을 의미합니다.

실제로 자영업자 중에 이런 이유로 어쩔 수 없이 장사하는 사람들의 숫자는 생각보다 많으며 각종 통계에서 이들은 배제되고 있다는 점도 한 번쯤 생각해 봐야 할 부분입니다.

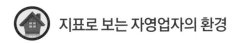 ## 지표로 보는 자영업자의 환경

두 얼굴을 가진 권리금이 낮아진다는 의미는 바꿔서 말하면, 그만큼 자영업자의 환경이 나빠진다는 것인데 실제로 자영업자의 환경이 나빠지고 있는지 몇 가지 지표를 살펴보겠습니다.

서울의 업종별 창업 · 폐업률 현황

작년 하반기 서울지역의 창업율은 2.4%에 그쳤지만 폐업률은 4.3%에 달했습니다. 이는 100개 점포 중 4.3개가 문을 닫고 2.4개가 창업을 하고 있다는 의미로 업종을 가리지 않고 전 업종에 걸쳐서 폐업률이 창업율보다 높은 것을 알 수 있습니다.

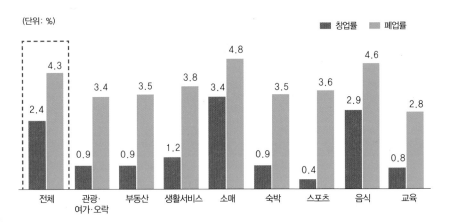

서울 업종별 창업 · 폐업률 현황

(단위: %)

■ 창업률 ■ 폐업률

업종	창업률	폐업률
전체	2.4	4.3
관광·여가·오락	0.9	3.4
부동산	0.9	3.5
생활서비스	1.2	3.8
소매	3.4	4.8
숙박	0.9	3.5
스포츠	0.4	3.6
음식	2.9	4.6
교육	0.8	2.8

※작년 하반기 기준
자료 : 소상공인상권분석시스템

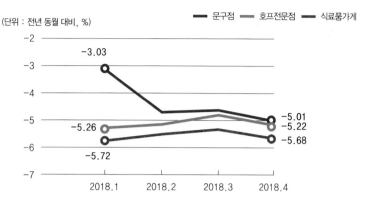

주요 업종 사업자 수 증감률

(단위 : 전년 동월 대비, %)

● 문구점　● 호프전문점　● 식료품가게

－3.03

－5.26

－5.72

－5.01
－5.22
－5.68

2018.1　2018.2　2018.3　2018.4

자료 : 국세청

시간이 길수록 이런 상황은 더 심각해져서 간이주점, 음식점, 노래 방, 문구점 등 전통적인 소규모 자영업자들이 전년 동월 대비 -3%에 서 -5%까지 감소하며 낙폭을 키우고 있습니다.

자영업자의 대출 및 연체율 증가

이런 영향은 대출로 이어지면서 2017년 말부터 2018년 2분기까지 자영업자들의 대출액은 40조가 늘었으며, 총액기준으로는 590조 원 까지 늘어나며 가파른 상승을 보이고 있습니다.

더불어 도소매업의 은행 연체율도 증가하고 있으며, 개인사업자의 대출 연체율은 다른 업종에 비해 아직은 심각하지 않다고 볼 수도 있 지만 상대적으로 연체율이 낮고 대출금액 비중이 높은 부동산 임대 업을 제외하면 현실은 심각하며, 영세 자영업자의 대출 부실 가능성

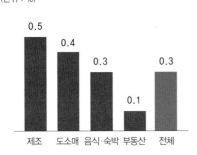

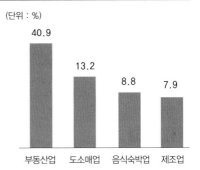

※2018년 2·4분기 기준
자료 : 한국은행

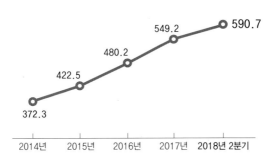

이 상대적으로 낮아 보이는 착시 현상일 가능성이 커 보입니다.

또 하나 2018년 10월 기준으로 미국과 0.75%의 기준금리 차이와 앞으로도 계속 예정되고 있는 미국의 금리인상은 빚이 늘어난 자영업자를 더욱 불안한 위치로 몰아갈 것입니다.

공실률

이런 자영업자의 어려움은 고스란히 임대인에게 전이되면서 최근 상가의 공실률 동향으로 이어지고 있습니다.

작년 4분기에서 올해 1분기까지, 강남지역 공실률은 8%대에서 9.1%(도산대로 6.7% → 7.5%, 신사역 주변 4.9% → 7%)로, 종로의 공실률은 11%에서 20.1%로 2배 가까이 뛰었으며, 홍대·합정권의 공실률도 7.4%에서 12.5%로 훌쩍 뛰었습니다. 서울 전체로 보면 점포매물 수는 전년 같은 기간 대비 30% 넘게 증가했으며, 강남은 56% 수준으로 증가했습니다.

결국 자영업자의 고통이 임대인에게 전이되고 있는 상가의 현재 상황을 정확하게 알고 앞으로의 방향성을 진단해야 할 것입니다. 지

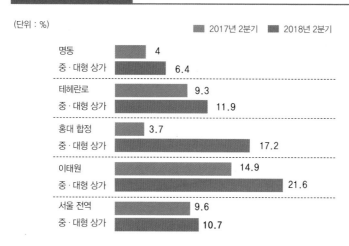

서울 핵심 상권 공실률

(단위 : %)

■ 2017년 2분기　■ 2018년 2분기

구분		공실률
명동		4
	중·대형 상가	6.4
테헤란로		9.3
	중·대형 상가	11.9
홍대 합정		3.7
	중·대형 상가	17.2
이태원		14.9
	중·대형 상가	21.6
서울 전역		9.6
	중·대형 상가	10.7

자료 : 한국감정원

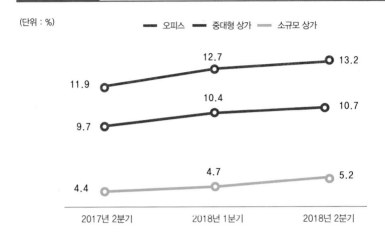

(단위 : %)
오피스　 중대형 상가　 소규모 상가

11.9　　12.7　　13.2

9.7　　10.4　　10.7

4.4　　4.7　　5.2

2017년 2분기　　2018년 1분기　　2018년 2분기

자료 : 한국감정원

금까지 신문 기사들에서 언급한 막연하거나 아무데나 걸면 걸리는 식의 내용이 아닌 구체적인 본질에 접근해야 할 필요성이 있습니다.

그래야만 자영업자가 이렇게 된 원인이 해결될 수 있는 요소인지, 또 해결된다면 시간은 얼마나 소요되는지를 살펴볼 수 있으며, 이는 곧 상가 등의 수익성 시장을 보는 힘이 될 것이기 때문입니다.

 자영업의 매출구조

자영업의 최근 위기를 이해하기 위해서는 자영업의 매출구조를 알아야 합니다. 업종마다 운영자의 능력에 따라 차이는 있겠지만 평균

(단위 : %)

	최저선	최고선	평균
재료비	30	40	35
임대료	10	15	12.5
인건비	25	30	27.5
세금 등 기타	10	10	10
합계	75	95	85
수익	25	5	15

적인 최저점과 최고점을 잡아보면 대략 아래와 같이 나옵니다.

즉, 총 매출을 100으로 봤을 때 대략 재료비 30~40%, 임대료 10~15%, 인건비 25~30%, 세금 등 기타 잡비 10%를 차지하게 되고, 이것을 평균으로 보면 재료비는 35%, 임대료는 12.5%, 인건비는 27.5%, 세금 및 기타 잡비 10% 해서 자영업자는 매출액 대비 평균 15% 내외의 수익을 올릴 수 있는 구조입니다.

 자영업 위기의 주범은 임대료 상승인가, 인건비 상승인가?

사업은 매출이 늘고 지출이 줄면 이익이 나고, 매출이 줄고 지출이 늘어나면 손해를 보는 단순한 법칙이 존재합니다. 그런데 지출의 주요 요인을 차지하고 있는 임대료와 인건비는 이런 문제가 생길 때마다 자영업 위기의 주범으로 제일 먼저 타깃이 될 수밖에 없습니다.

그럼 임대료 상승과 인건비 상승이란 2개의 요소는 지난 몇 년간 얼마나 영향을 미쳤을까요?

임대료

서울 상권의 임대료는 2015년 1분기 m²당 2.62만 원에서 2017년 3.27만 원으로 2016년 4분기 정점을 찍은 후 주저앉게 됩니다.

2년 동안 0.62만 원이 올랐으며 1년 기준으로 하면 0.3만 원 정도 올랐습니다.

2.62만 원을 기준으로 하면 대략 1년에 11% 정도가 오른 셈이고 3.27만 원을 기준으로 하면 10% 정도 오른 셈인데, 2017년 1사분기 이후 자영업의 어려웠던 환경을 고려해서 1년에 대략 8% 정도의 임대료가 오른 것으로 가정해 보겠습니다.

서울 상권 임대료 추이

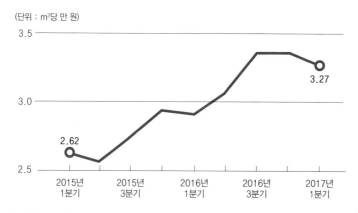

(단위 : m²당 만 원)

3.27

2.62

지료 : 부동산114

임대료가 매년 8% 가량 올랐다면 전체 매출구조 100에서 임대료가 차지하는 비중은 10~15% 정도이기 때문에, 전체 매출로 보면 약 1% 내외의 임대료 상승이 있었으며 이만큼 자영업자의 수입이 줄어드는 상황이 생겼을 것입니다.

이 말의 의미는 자영업자의 총 매출대비 수익인 15%에서 매년 수입의 1% 정도가 임대료 상승분 때문에 줄어들면서 상황이 어려울 수는 분명 있지만 영업을 접을 정도의 직접적인 타격까지는 아니라는 결론에 도달하게 됩니다.

인건비

이제 인건비를 보면 전체 매출구조의 25~30%까지의 수치를 기록하고 있는데, 이는 임대료의 2.5배에서 3배에 가까운 수치로 전체

시간당 최저임금 추이

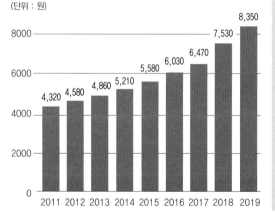

(단위 : 원)

- 올해 대비 ↑10.9%
- 월급(주 40시간 기준, 월 209시간) 환산
  174만 5,150원
- 전체 위원 27명 중 14명 참석
  (근로자위원 5명, 공익위원 9명)
- 사용자위원 9명 불참
- 근로자안(8,680원), 공익안(8,350원) 표결
  근로자안이 6표,
  공익안이 8표

매출에서 차지하는 비중이 크다는 것을 의미합니다.

이렇게 임대료와 비교해서 비중이 큰 인건비의 상승폭은 2015년 ~2018년까지만 계산해 보면 35%가 올랐으며, 2018년과 2019년은 불과 2년 사이에 30% 상승했습니다.

2015년~2018년까지의 상승율을 전체 매출대비로 보면, 인건비 비중은 27.5%×0.35=9.6%로 불과 3년 사이에 9.6%가 올라서 자영업자 수익 15%의 상당 부분을 가져가고 있습니다. 그런데 2019년의 최저임금 상승분은 아직 반영되지 않았으며, 바꿔말하면 아직도 반영되지 않은 폭이 상당 부분 있기 때문에 자영업자의 환경은 시간이 갈수록 나빠지면 나빠지지 좋아질 수 있는 개선의 여지가 보이지 않는다고 할 수 있습니다.

지금까지 살펴본 내용을 정리하면, 그동안 총 매출대비 15% 내외의 수익을 가져가던 자영업자는 매년 임대료 상승으로 1% 정도, 인건비 상승으로 3.2% 정도의 부담이 누적되면서 최근 한계상황에 몰렸으며, 이 상황은 최소한 당장은 나아질 기미가 보이지 않으며 앞으로 더 나빠질 가능성이 있다는 결론에 도달하게 됩니다.

이 때문에 최근 정부에서 전담반을 신설하고 최저임금을 보전하는 등의 대책마련에 나서고 있지만, 최저임금을 보전받기 위해서는 직원들을 4대 보험에 가입시켜야 하는 자영업자의 입장에서는 이에 대한 비용부담이나 관리가 만만치 않은 현실 때문에 괴리감을 느낄 수밖에 없고, 이에 위기를 느낀 자영업자들은 길거리로 나올 수밖에 없는 상황에 처해 있습니다.

그렇다면 매출은?

지금까지 자영업의 지출구조를 알아봤습니다. 앞으로 지출이 커질 수밖에 없는 자영업이 회복할 수 있는 방법은 매출이 늘어나서 수익률은 줄어들더라도 수익총액이 커지는 것만이 유일한 길로 보입니다.

사실 최근이 아니어도 자영업에서의 지출은 임대료나 인건비가 한국경제의 볼륨이 커지면서 줄어든 적이 거의 없습니다. 그럼에도 불구하고 지금처럼 위기의식을 느끼지 않았던 것은 지출이 커진 만큼 매출이 커졌으며 지출의 상승폭을 어느 정도 상쇄하는 효과가 있었기 때문입니다.

자영업 매출이 커질 수 있는 가능성을 알아보기 위해서는, 먼저 우리나라의 자영업 환경을 다른 나라와 비교해서 살펴볼 필요가 있습니다.

현재 우리나라의 자영업자 비율은 전체 취업자 중 4분의 1 수준인 26.8%를 차지하며, OECD 평균 15.4%보다 11.4% 포인트가 높은 수치를 기록하고 있습니다.

우리나라보다 자영업자 비율이 높은 나라로는 그리스, 터키, 멕시코, 브라질이 있으며, 이들 나라 대부분은 경제사정이 안 좋거나 관광산업 의존도가 높은 나라임을 알 수 있습니다.

다음 표에 의하면 우리나라의 자영업자 비율이 너무 높다는 것을 알 수 있는데 인구 1천 명당 수로 비교하면 일본이나 미국보다 업종별로 몇 배가 많으며, 특히 음식점의 경우는 미국보다 7배가 많다는

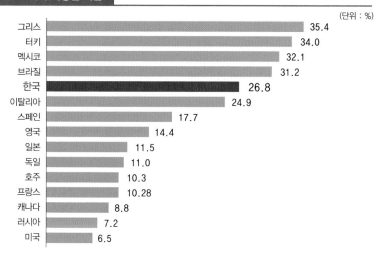

(단위 : %)

국가	비율
그리스	35.4
터키	34.0
멕시코	32.1
브라질	31.2
한국	26.8
이탈리아	24.9
스페인	17.7
영국	14.4
일본	11.5
독일	11.0
호주	10.3
프랑스	10.28
캐나다	8.8
러시아	7.2
미국	6.5

생계형 서비스업 비교(인구 1,000명당)

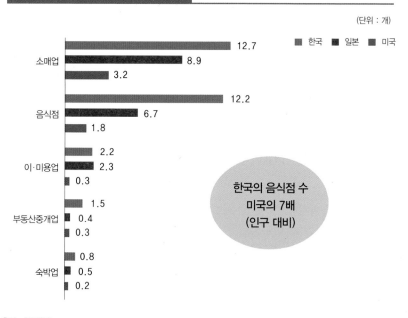

(단위 : 개)

■ 한국 ■ 일본 ■ 미국

업종	한국	일본	미국
소매업	12.7	8.9	3.2
음식점	12.2	6.7	1.8
이·미용업	2.2	2.3	0.3
부동산중개업	1.5	0.4	0.3
숙박업	0.8	0.5	0.2

한국의 음식점 수
미국의 7배
(인구 대비)

출처 : 한국은행

점에서 향후 자영업의 매출이 증가할 수 있을까?, 라는 점에서 회의적일 수밖에 없습니다.

 ## 자영업자의 수

지난 15년간 우리나라의 자영업자 수를 살펴보면, 2002년 619만 명으로 정점을 찍은 이후에 2015년 539만 개로 줄어들었는데, 이러한 감소추세는 OECD 회원국의 인구당 평균 수준인 300만 개 수준에 도달될 때까지 계속될 것으로 예상됩니다. 이러한 감소추세를 보면 최소한 지난 15년간 자영업자들이 경기가 어렵다고 한 말은 적어도 엄살이 아니라는 것을 이 지표를 통해 확인할 수 있습니다.

우리나라 자영업의 현실은 베이비부머 세대의 은퇴가 시작되면서 자영업으로 내몰리게 되어 경쟁이 과다해졌고, 특정 업종의 매출이 늘어나면 자영업을 하기 위해 대기하고 있는 사람들이 경쟁에 뛰어들기 때문에 매출증가가 어려운 국면에 진입했음을 알 수 있습니다.

결국 최근 자영업자의 위기는 임대료 등의 꾸준한 상승이 누적된 데다가 최근 최저임금의 가파른 상승으로 지출은 급격히 늘어나고 있는 반면, 외부적으로는 경쟁에 의해 매출이 늘어날 수 없는 구조가 되었으며, 언제가 될지는 모르지만 이러한 구조적인 문제점이 어느 정도 정리되는 시점까지 당분간은 침체의 늪에 빠질 수밖에 없다는 결론에 도달하게 됩니다.

2019 부동산 시장의 테마 2
'상가공실과 경매'

 신도시 상가는 왜 이렇게 시끄러울까?

최근 들어 위례를 비롯해서 다산, 미사, 동탄2 등의 신도시 상가의 공실과 관련된 기사들이 자영업의 위기와 맞물려 쏟아져 나오고 있습니다.

신도시 상권의 문제는 기본적으로 신도시가 완성되는 데 5년에서 8년의 시간이 소요되는데 비해 상가는 먼저 완성되기 때문에 생기는 구조적인 문제이기도 하지만, 최근 자영업의 위기와 맞물려서 보면 상가 전체에서 가장 많은 공급으로 인해 시범적인 역할을 한다는 측면에서 관심 있게 살펴볼 필요가 있습니다.

약세 시장에서 약한 고리의 문제점은 결국 전체로 번질 수밖에 없다는 점에서 신도시 상가에 생기고 있는 문제를 살펴보겠습니다.

자영업의 위기를 떼고 보더라도 신도시 상가는 어디를 막론하고 비슷한 과정을 겪게 됩니다.

1. 분양을 하는 시기에 항상 과도한 평가가 이루어집니다.

2. 인구집중, 교통노선, 인근개발계획 등 마치 금방이라도 될 것 같은 교통계획과 부풀려진 장미빛 계획은 분양가를 높게 책정하게 하고, 그럼에도 불구하고 화려한 개발계획으로 인해 물건은 날개 돋힌 듯 팔려나가고 프리미엄까지 붙게 됩니다.

3. 하지만 막상 입주시기가 다가 오면 항상 이상과 현실은 다를 수밖에 없습니다.

개발계획은 계속 늦어지고, 입주는 차근차근 하다 보니 인구 대비 상권은 급속도로 늘어나는데 임차인은 찾을 수 없다 보니 상가대출 금액에 대한 이자는 물론이고 심지어 관리비까지 부담하게 됩니다.

그럼에도 임대인은 분양시기의 환상에 빠져 높은 분양가로 분양받았으니 임대료를 낮추기는 어려울 것입니다.

4. 결국 상권이 성립되는 시점까지 버티지 못하는 물건들이 경매에 나오게 됩니다.

5. 개발계획은 시간이 걸리지만 더디게 이루어지고 이런 과정 중에 서서히 입주도 하고 도시가 완성되면서 승자와 패자가 갈리게 됩니다.

그런데 이번 시장은 저금리 기조에 유동성이 시장을 다른 때보다 과하게 평가한 데다가 임차인의 영업환경이 전례없이 나빠지고 있다는 것이 예전과 다른 모습입니다. 분양받은 임대인들이 고통받는 기간이 길어지거나 하락폭이 깊어지는 과정에서 상승에서의 쏠림처럼 하락에서도 쏠림이 나올 수 있는 시기까지 와 있다는 점을 생각해야 합니다.

상가는 수익성에 기반을 둔 물건이기 때문에 수익성을 높이는 방법은 2가지 중에 한 가지입니다.

1. 싸게 산다.
2. 월세가 높아진다.

신도시 상가의 경우 월세가 처음보다 높아질 가능성이 별로 없다는 점을 생각하면 싸게 사는 경매 같은 방법을 택할 수 있고, 결국 저렴하게 사면 수익률은 저절로 높아지면서 나중에 도시가 완성되면 생기는 시세차익은 덤으로 얻는다고 생각해 볼 수 있습니다.

 임대인과 임차인의 시각 차이

상가의 분양가는 수도권과 지방을 가리지 않고 2016년 이후 개발계획과 아파트 시장의 상승 그리고 저금리와 유동성에 기대어 가파른 상승률을 기록했습니다. 특히 지방은 2010년 이후 혁신도시 등에

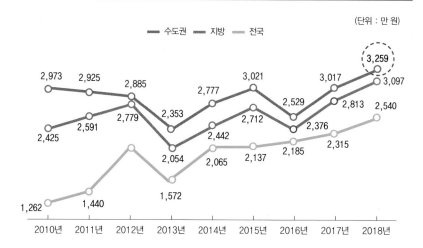

상가를 분양하면서 지속적이고 가파른 상승률을 기록했습니다.

이렇게 분양가가 오르면서 임대인은 자신이 매수한 분양가에 수익률(5~6%)을 곱해서 만든 월세를 시행사의 말을 믿고 책정하게 되고, 자영업자인 임차인은 상가가격이 얼마이든 자신과 상관없는 일이기 때문에 특정 상가에 대해 자신이 장사를 하면서 낼 수 있는 월세 최대치를 책정하다 보니 둘 사이에는 가격의 갭이 생기게 됩니다.

이렇게 양측의 입장을 나누어서 보면 임대인의 입장은 호가인 셈이고 임차인이 낼 수 있는 월세가 시세가 되면서 그 사이의 갭은, 결국 임대인이 매수하면서 산 상가거품의 무게이기도 합니다.

한 가지 예를 들어보면, 어떤 분이 신도시상가 1층을 전용 15평(분양평수 30평)을 10억 주고 샀다고 하면, 이 분은 월세를 5%를 책정하면 420만 원, 6% 책정하면 500만 원 선으로 결정하고 임차인을 기다리게 됩니다.

임차인은 이 상가를 볼 때 앞에서 전체 매출대비 임대료가 대략 10%이기 때문에, 월 매출을 4,200만 원에서 5,000만 원을 올려야 하고 일매출 기준으로는 140만 원에서 170만 원을 올려야 전용 15평의 상가에 입점이 가능하게 됩니다.

임차인이 음식점을 하는 경우, 전용 15평에서 주방면적도 빼야 하고 그런 세부적인 사항을 결정한 후에 최대 매출을 계산하면 자신이 지불할 수 있는 한계치의 월세가 거꾸로 나오게 되는데 분양가의 가파른 상승은 결국 이 갭을 더욱 더 벌려놓았습니다.

분양평수 30평(실평 15평 기준－보증금 5,000만 원 가정)

(단위 : 만 원)

구분	2016년	2017년	2018년	인상률
평당 분양가	2,529	3,017	3,259	29%
분양가	75,870	90.510	97,770	29%
수익률 5%	295	356	387	31%

구분	시행사	투자자(임대인)	창업자(임차인)
성공 여부	개발이익	투자수익	사업이익
수익방식	상가분양	임대/매각	영업이익
판단근거	사업부지 위치 매입금액 조성원가 분양시기 인근 사업현황 개발가치 등	개발계획 집객요소 유동인구 유입력 상권보장 여부 배후세대 구매력 인근상가 영업력 등	월세 수준 면적/설비 아이템과 적합성 유동인구 상권번성도 상권특성 등
결정요인	조성원기	분양가/매입가	임대료

위 표의 분양가 추이를 분양평수 30평(실평수 15평) 기준으로 보면, 2016년부터 불과 3년 사이에 분양가 인상률은 30%에 달하며, 그에 따라 임차인의 입장에서 내야 할 월세도 3년 사이에 31% 인상률의 요소가 생기게 되었습니다.

이 말은 일반적인 상황에서도 임대료의 가파른 상승폭을 임차인이 감당하기 어려운데, 인건비까지 가파르게 상승하는 상황에서는 도저히 임대인의 호가를 맞출 수 없다는 것을 의미합니다. 이런 상황 때문에 신도시 상가의 공실은 장기화될 것이고, 그 골은 분양가 상승만큼이나 깊어질 것이며 하락을 시작하면 예상치 못한 상황이 올 수 있는 가능성을 열어두어야 하는 시기입니다.

 ## 위기는 기회

네이버 카페 〈사주와부동산〉을 통해 저금리 기조에 마땅히 돈을 투자할 만한 대안이 없음에도 불구하고 2018년 현금보유를 확대해야 한다는 의견을 지속적으로 제시한 바 있습니다.

그 이유가 부동산 시장이 과열국면으로 진입한 동기 중 하나이기도 하지만 수익을 끝까지 받아내려면 그에 따른 리스크도 함께 받아야 합니다. 특히 부동산은 주식과 달라서 시장의 분위기에 휩쓸리기 때문에 현금화가 쉽지 않고, 아파트의 경우 조합원 지위승계 불가 등의 상황에 처하게 되면, 시장의 흐름을 상승에서 하락으로 읽었다고 하더라도 할 수 있는 일이 없어지기 때문에 시장을 읽는 것이 무의미해져 버립니다. 그래서 주식은 대응의 영역이 더 크다면 부동산은 예측의 영역이 더 크다고 할 수 있습니다.

부동산 시장에서 지난 몇 년간 일반분양이 수익을 가져다주었다면 다음 시장에서는 '상가경매'가 부동산 시장의 새로운 테마로 부상할 것으로 생각합니다.

하지만 문제는 얼마만큼의 조정 내지는 하락이 있을 때 매수할 수 있을까?를 생각하면, 결국 매수의 기준점은 호가인 임대인 입장에서의 월세가 아닌 시세로 임차인의 입장에서 월세 수익률을 역산해서 매매가를 정해야 한다는 결론을 얻게 되었습니다.

또한 임대시장이 임대인 위주의 시장에서 임차인 위주의 시장으로 변하는 변곡점에 있기 때문에 단순히 가격에 대한 수익률로 상가에 접근하는 방식보다는 철저하게 임차인의 입장에서 접근하는 것만이 실패를 줄일 수 있는 보수적인 선택이 될 것입니다.

 ## 경매시장에 서서히 관심을

경매시장은 물건을 시장가격보다 저렴하게 살 수 있는 기회임에도 불구하고 그동안은 그다지 권할 만한 시장이 아니었습니다.

경매가 일반화되면서 너무 많은 사람들이 시장에 참여하다 보니, 왜 경매로 사야 하는지 의문이 생길 정두의 오버슈팅이 나오기 때문에 이성적인 사람들이 시장에 참여해 봐야 시간만 낭비하는, 한마디로 가성비가 낮은 시장이었습니다.

아파트 경매시장

9·13대책 발표 이후 경매시장의 입찰자 수가 급격한 내리막을 겪고 있습니다. 9월 대비 평균 입찰자 수가 대책 발표 전후 무려 4분의 1까지 떨어지는 모습을 보이고 있으며, 이 비율은 앞으로 더 낮아질 것으로 예상됩니다.

서울 아파트 경매 평균 응찰자 수

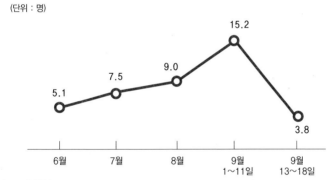

(단위 : 명)

5.1 / 7.5 / 9.0 / 15.2 / 3.8

6월 / 7월 / 8월 / 9월 1~11일 / 9월 13~18일

자료 : 지지옥션

참여하는 사람이 적다 보니 낙찰율도 81%에서 67%로 하락하고 있는데, 대책 이후 이렇게 급격하게 시장이 식어버리는 이유는 무엇일까요? 그동안 경매에 참여하는 참여자들 대부분이 80%~90%의 대출을 받는 경락잔금 대출이나 사업자 대출을 이용하는 사람들이

많았기 때문입니다.

즉, 현금이 충분하거나 여유 있는 사람들은 기본적으로 경매시장을 좋아하지 않는 반면, 레버리지를 최대한 활용하려는 사람들이 몰리는 시장이라는 특성 때문에 잔금 대출이 막혀버리자 불과 몇일 만에 입찰에 참여하는 사람들의 숫자가 이렇게 줄어드는 결과가 나오고 있는 것입니다.

상가 경매시장

상가 경매시장의 경우는 이번 9·13 대책 이후 오히려 시장에 불이 붙으며 쏠림 현상이 생기고 있습니다.

주택이 아니라 상가이기 때문에 사업자 대출이 80%까지 가능하기 때문인데, 지금 뛰어들 것이 아니고, 그동안 언급한 부동산의 구조적인 동향을 지켜보면서 상가와 관련된 대출인 DSR과 RTI 등의 방향성을 확인한 후에 차분하게 대응할 필요가 있습니다.

또한 상가는 감정가와 낙찰가와의 차이가 생기기 때문에 낙찰받은 이후에 감정재평가를 통해 추가 대출이 가능하다는 점에서 앞으로 관심을 갖고 주목해야 할 시장이기도 합니다.

 상가시장의 장기적인 전망

지금까지 내용을 요약하면, 자영업은 쉽사리 불황에서 탈출할 수 없으며 더 나빠질 수밖에 없는 이유들로 인해 자영업의 고통은 임대인에게까지 전이되며 영향을 미치게 될 것입니다.

상가의 구조적인 문제로 인해 접근할 만한 가격대가 온다면 수익률이라는 분명한 목표가 있는 상가는 임대인이 아닌 임차인의 관점에서 목표수익률을 정한 후 접근하는 것이 가능해 보입니다. 상가에 접근할 수 있는 관점에 대해서 몇 가지 언급해 보겠습니다.

장기(중립) 기준금리 전망치

2018년 12월 미연준(FOMC)에서 기준금리를 올리면서 미국의 기준금리는 2.25 ~ 2.5가 되었습니다.

그리고 2019년 3월 FOMC회의에서는 금리인상에 대해 '인내'를 강조하면서 9월에는 보유자산 축소를 종료할 것이라고 언급했습니다.

보유자산 축소는 연준이 보유한 채권을 매각함으로써 달러를 흡수해서 유동성을 줄이는 행위를 의미하며, 이 언급으로 이번 시즌 미국의 금리인상은 사실상 마무리 국면으로 접어들었다고 봐도 무방해 보입니다.

장기 기준금리의 하향과 이번 시즌 미국의 금리인상이 마무리 국면으로 들어갔다는 의미는, 과거처럼 금리가 계속 높아지는 것이 아니라 분명한 한계치를 가지고 있으며 이미 어느 정도 한계치까지 도달해 있다는 뜻이기도 합니다.

그리고 이 말은 우리의 금리도 안정화가 예측되는 시기 즈음에 금

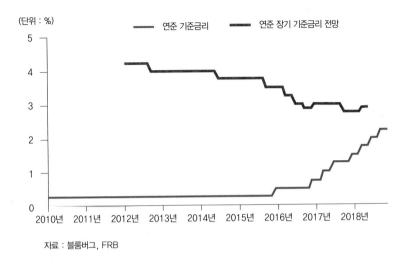

(단위 : %)

연준 기준금리   연준 장기 기준금리 전망

자료 : 블룸버그, FRB

리보다 훨씬 높은 수익을 주는 수익성 물건은 앞으로도 계속 유효하다고 해석할 수 있습니다.

은퇴는 늘고 할 일은 만들어야 하고

다음 표는 2010년 인구통계로 10년 후인 2020년으로 시간을 돌려보면, 1차 베이비부머 세대는 나이가 60세에서 65세가 되고 2차 베이비부머 세대는 40대 후반에서 50대가 됩니다. 그리고 베이비부머 세대 중 가장 어린(?) 에코 베이비부머 세대도 40세 전후의 아저씨 · 아줌마가 되어 있음을 알 수 있습니다.

1차 베이비부머 세대는 이미 은퇴했다고 해도 2차와 에코세대들은 40대에서 50대의 니이기 되면서 자의든 타의든 은퇴와 퇴직의 길로 내몰리게 될 것이며, 어설픈 국민연금 정도로 노후 준비를 하기에는 턱없이 부족한 상황이기도 합니다.

또한 의학의 발달로 생명은 연장되고, 산업의 발달로 인한 기계화와 인건비 상승으로 일자리가 줄어들면, 아직은 젊다면 젊은 나이에 퇴직한 이들이 할 수 있는 일은 자영업 이외에 대안을 찾기가 어렵기 때문에 자영업으로 내몰린다는 표현을 쓰는 것이 과장되어 보이지만은 않습니다.

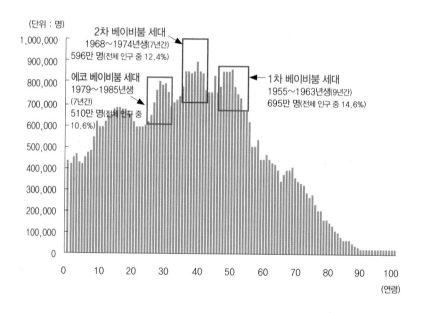

이렇게 많은 경쟁자들이 나올 수밖에 없는 이유로 자영업은 우울하기도 한 반면에 누군가 망하면 누군가는 오픈을 해야 하는 숙명적인 구조를 가지고 있다는 점에서 상가의 임대수요는 꾸준할 것으로

예상됩니다.

한 가지 조심할 것은 계속해서 강조하는데, 과거처럼 아무 상가나 임대인의 마인드를 가지고 접근해서는 안 됩니다. 임차인의 마인드로 접근하는 시각의 전환이 필요하며, 그에 대한 준비와 공부가 필요한 시점이기도 합니다.

남북협력에 희망을 걸다

우리나라의 경우 인구의 노령화, 생산인구의 감소, 고용 축소와 기업의 설비투자 감소로 인해 차세대 동력을 아직 찾지 못하고 있다는 점에서 현재까지 내부적인 경제환경은 좀처럼 돌파구를 찾기 힘들어 보입니다.

그런 상황에서 남북협력 내지 통일은 비단 상가나 부동산에만 적용되는 것이 아니겠지만, 통일에 대한 가능성이나 북한과의 경제협력은 우리 경제의 구조적인 문제에 해결점을 제시해주는 돌파구가 되기를 기대해 봅니다.

북한과의 경제협력은 높은 인건비로 인해 중국, 베트남에 이어 캄보디아로 떠돌던 국내 기업들에게 베트남의 절반 급여로 말이 통하고 손재주가 뛰어난 사람들을 고용함으로써 기업에게 혜택이 돌아갈 수 있으며, 그 혜택은 젊은 친구들의 고용을 늘리며 생산구조를 젊게 만들고, 화해무드로 군조직의 개편이 이루어진 북한과 우리의 젊은 이들이 군대에서 사회로 수혈하는 인원이 많아짐으로써 생산인구가 젊어지게 될 것입니다.

자본의 측면에서는 우리나라의 지정학적 리스크를 해결하면서 신용평가가 높아지면 보다 저렴한 이자를 낼 수 있는 해외 자본을 끌어올 수 있으며, 주식으로 보면 그동안 한 번도 넘지 못했던 박스권의 상단을 뚫어내며 외국에 비해 저평가된 기업들을 적어도 공평하게 재평가할 수 있는 기회가 주어질 것입니다.

토지의 측면에서 보면 철도와 가스관 연결 등으로 사실상 섬나라인 현재의 우리에게 대륙과 유럽으로 땅을 이용해 진출할 수 있는 계기를 제공하면서 우리 젊은이들의 심장을 뛰게 만들 것입니다. 또한 북한의 자원과 개발에 군침을 흘리는 해외 자본은 북한에 들어가기를 희망하면서 북한뿐 아니라 한반도 전체가 투자하기 가장 적합한 환경으로 변모하게 될 것입니다.

하지만 이런 장미빛 예상은 아직까지는 환상일 뿐 현재의 산적한 국내 경제문제가 어느 정도 가닥을 잡고, 하루가 다르게 변하는 대외 경제환경이 안정적인 국면에 접어들고 나서야 빛을 발휘하게 될 것입니다.

지금 시점에서 또 하나 분명한 것은 적어도 북한이 과거로 다시 회귀할 가능성은 점점 희박해지고 있다는 측면에서, 이런 희망을 가슴에 품는 일은 과거와는 확연히 다른 현실로 다가와 있으며, 국민의 한 사람으로서 당연한 일이라고 생각합니다.

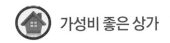 가성비 좋은 상가

　다시 상가의 얘기로 돌아와서 그동안은 아무 상가나 사놓고 임차인을 마음껏 고를 수 있는 시장이었다면, 앞으로는 상가도 입지나 물건에 따라서 양극화되는 시장으로 변할 것입니다.

　개별성이 워낙 강한 특징을 갖고 있는 상가는 아파트처럼 입지가 좋은 것이 반드시 좋은 상가가 아닙니다. 입지가 좋은 것은 누구나 좋아하겠지만 그런 이유로 가격이 비싸기 때문에 수익률이 떨어진다면 요즘처럼 배달이 활성화되고 오프라인 매장이 쓰러지는 시기에는 구태여 좋은 입지의 비싼 상가보다는 상가 뒷편에 있더라도 저렴한 월세의 상가가 가성비로 보면 훨씬 나은 물건이 되기도 합니다.

　이런 내용을 판단해내는 것이 앞으로 임대인의 가장 중요한 역할이 될 것이며, 지금까지 임대인의 입장에서 인구의 흐름과 개발계획 등으로 시세를 형성했다면, 앞으로는 임차인의 입장에서 가장 효율적으로 사용할 수 있는 상가가 수익률을 통해 거꾸로 매매가격을 책정할 것이며, 이는 임대인의 시장에서 임차인의 시장으로 넘어가는 과도기에 들어섰음을 의미하기도 합니다.

　과도기는 다음을 준비하는 시간이라는 점에서 일반분양 이후 다음 테마를 만들 가능성이 큰 '상가경매'라는 주제를 미리 준비하고 계획을 세워보기 바랍니다.

부동산 투자의
궁극적인 목적은 무엇인가?

부동산이나 주식 등 다양한 투자의 궁극적인 목적은 결국 행복해지기 위한 수단임에도 어느 순간부터인가 삶의 우선순위가 바뀌는 결과를 자주 목격하게 됩니다.

상승할 때는 하루 종일 부동산 기사나 주식 시세판만 보며 행복해하다가 어느 날부터인가 가격이 떨어지면 갑자기 밀려드는 상실감과 허탈함을 느낍니다. 상승할 때 자신감에 취해 자신의 범위를 벗어나는 투자를 한 경우에는 급격히 자존감을 상실하며 괴로워하는 과정을 한 번쯤 겪어보기도 합니다.

이제부터 하고 싶은 얘기는 결과를 통해 행복을 추구하는 삶이 아니라 과정을 통해 언제나 행복할 수 있는 투자방식과 삶의 의미를 찾아가는 방법에 대해 말하고자 합니다.

한동안 선풍적인 인기를 끌었던 드라마 〈도깨비〉에 나왔던 내용입니다.

도깨비 김신과 오래 전에 인연이 있었던 어떤 노인이 죽어서 하늘로 가기 전에 그를 특별한 공간에서 만나게 됩니다.

도깨비 김신은 어렸을 때 만났던 그때 그 모습의 소년(노인)에게 이렇게 묻습니다.

"그 문제에 대해 내가 답을 4번이라고 알려줬는데도 너는 왜 2번으로 적었는가?"

"저는 아무리 풀어도 답이 2번이었기 때문에 2로 적었고, 그건 제가 못 푸는 문제였습니다."

소년은 미안함에 머리를 긁적이며 답합니다.

신비한 존재로서 답을 알려주었음에도 엉뚱한 답을 적은 소년에 도깨비 김신은 꾸지람 대신 이렇게 말합니다.

"너는 그 문제를 잘 풀었다. 너의 삶은 너의 선택만이 정답이다."

이 얘기를 부동산과 관련해서 다음과 같은 질문을 던진다면 답은 어떤 것일까요?

Q : 다음 중 부동산의 매수시점은 언제인가?

　　1. 사고 나서 보합을 유지할 때

　　2. 사고 나서 가격이 내릴 때

　　3. 팔고 나서 가격이 오를 때

4. 사고 나서 가격이 오를 때

이 경우 누가 봐도 정답은 4번인데 그것은 숫자의 이야기이고, 적어도 삶에 있어서는 꼭 그렇지 않을 수 있습니다.

지금까지 여러분이 부동산에 대해서 어떤 선택을 하였든, 그리고 어떤 상황에 처해 있든 현재까지는 모두 정답일 수 있으며, 진짜 중요한 것은 어떤 답을 선택했는지가 아니라 그 선택 이후에 스스로의 행동에 따라서 그 문제는 정답이 될 수도 오답이 될 수도 있습니다.

우리가 흔히 정답으로 생각하는 부동산을 사고 나서 가격이 오르는 확신과 자신감이 넘치는 상태에서도 다른 이들의 마음을 헤아릴 수 있는 배려와 관심을 가질 수 있거나, 오답으로 생각하는 선택을 해서 '매수했는데 가격이 내리는 환경'에 처했다고 해도, 스스로 비관하거나 그 미움의 대상을 다른 이들로 삼지 않고 스스로의 성찰과정으로 삼는다면 적어도 두 선택 모두 정답이 되는 것이 인생이기 때문입니다.

우리는 살면서 알지 못하는 사이에 어려움에 처해 있을 때 누군가에게 한두 번쯤 도움을 받으며 생활하지만, 좋을 때는 받았던 도움을 까맣게 잊고 있다가 어려움에 처하면 다시 손을 내밀어 한 번쯤 더 도움을 달라고 합니다. 마치 내가 언젠가 맡겨 놓은 것처럼 당당하게 말입니다.

하지만 삶은 누군가에게 의지하면서 어려울 때마다 손을 내미는 것이 아니라 스스로 선택하고 바꾸는 과정이며 어딘가에서 보고 있을 누군가는 항상 우리의 그런 삶을 응원하고 있을 것입니다.

현재 스스로가 처한 상황이 어떤 것이든 그동안 어려울 때마다 자신도 알게 모르게 받은 도움이 있었기에 현재의 고민이 있었을 텐데, 다시 어려움에 처하는 경우에 한 번 더 도와달라고 한다거나, 그 어려움으로 인한 원망의 대상을 만들어 남을 미워하기 전에 스스로 삶을 바꾸는 선택을 통해 정답을 찾아나가는 것을 목표로 해야 할 것입니다.

그래서 앞으로 부동산에 상승이나 하락의 그 어떤 시장이 오더라도 흔들리지 않고 스스로 행복한 삶을 영위해 나가는 것을 목표로 할 수만 있다면, 여러분이 선택한 지금의 선택은 어떤 것이든 옳았고 그런 삶 역시도 응원받아 마땅합니다.

정답은 선택하는 것이 아니고 만들어 가는 것이기 때문입니다.

결과에 연연하지 말고 언제 어떤 시장이 오더라도 과정을 소중히 여기며 인생을 즐길 수 있는 행복한 선택은 그동안의 결과가 아니라 지금부터 시작이라는 말로 이 책을 마무리합니다.

에필로그

한가로운 일상의 어느 한 날
따뜻한 차 한 잔을 마시며
다 마신 찻잔에 남아 있는 온기를 느끼다가

외계어로 조합되어 이해할 수 없는 부동산 언어들도
한 편의 시를 읽듯이
한 편의 수필을 읽듯이
읽고 나서 남아 있는 온기를 느낄 수는 없는 것일까?
생각해 봅니다.

복잡한 세상을 살아가는 일에는
많은 지식이 필요해 보이지만
그 기본 원리는

크게 다르지 않은 것인데

스스로의 맡은 역할과 과정을 통해

삶을 이해해 나가는 것처럼

부동산을 통해서도

삶과 인생을 이해할 수 있지 않을까?

고민했습니다.

이번에 글을 쓰면서 가장 집중한 부분이

쉬운 언어를 쓰면서

다차원적인 구조로 만드는 일이었습니다.

각자의 삶을 걸어오는 과정에서

알고 있는 지식과 겪어온 경험에 따라

다른 모습으로 보일 수 있는 언어를 사용했습니다.

보는 각도에 따라

다른 모습이 보일 수 있도록 글을 썼기에

어떤 이에게는 산으로

어떤 이에게는 강으로

그리고 어떤 이에게는 쓰레기 같은 글일지도 모르겠습니다.

이제 남은 일은

보는 이의 몫이 되겠지만

부디 바라는 바가 있다면

한 번 읽혀지고 책꽂이 한켠을 장식하는 책이 아니라

보는 사람에 따라서

다른 형상으로 보이고

같은 사람이라도

세월이 지나고 경험이 쌓여서 다시 읽어 보면

그때마다

다른 의미를 전달할 수 있는 책이 되었으면 합니다.

부동산을 통해

자신의 삶을 위로하고

다른 이를 이해하는

과정이 되었으면 합니다.

추선

아무도 알려주지 않는
부동산 시그널

1판 1쇄 인쇄 2019년 4월 1일
1판 1쇄 발행 2019년 4월 9일

지은이 이윤상

발행인 양원석
본부장 김순미
디자인 표지 마가림, 본문 허선희
본문일러스트 김소정
제작 문태일, 안성현
영업마케팅 최창규, 김용환, 정주호, 양정길, 이은혜, 신우섭,
　　　　　　조아라, 유가형, 김유정, 임도진, 정문희, 신예은

펴낸 곳 ㈜알에이치코리아
주소 서울시 금천구 가산디지털2로 53, 20층 (가산동, 한라시그마밸리)
편집문의 02-6443-8842　　**구입문의** 02-6443-8838
홈페이지 http://rhk.co.kr
등록 2004년 1월 15일 제2-3726호

ISBN 978-89-255-6637-5 (03320)